☑ 현장 감독자 · 현장 리더 리더십 수업

현장 리더
니가 해라

현장 리더 니가 해라

초판 1쇄 발행 2019년 11월 22일

지은이 오정우
펴낸이 장현수
펴낸곳 메이킹북스
출판등록 제 2019-000010호

디자인 안영인
편집 안영인
교정 김시온
마케팅 오현경

주소 서울특별시 금천구 가산디지털1로 142, 312호
전화 02-2135-5086
팩스 02-2135-5087
이메일 making_books@naver.com
홈페이지 www.makingbooks.co.kr

ISBN 979-11-968214-7-0(03190)
값 13,000원

ⓒ 오정우 2019 Printed in Korea

잘못된 책은 구입하신 곳에서 바꾸어 드립니다.
이 책의 전부 또는 일부 내용을 재사용하려면 사전에 저작권자와 펴낸곳의 동의를 받아야 합니다.

이 도서의 국립중앙도서관 출판예정도서목록(CIP)은 서지정보유통지원시스템
홈페이지(http://seoji.nl.go.kr)와 국가자료공동목록시스템(http://www.nl.go.kr/kolisnet)에서
이용하실 수 있습니다. (CIP제어번호 : CIP2019046332)

홈페이지 바로가기

✓ 현장 감독자 · 현장 리더 리더십 수업

현장 리더 니가 해라

| 오정우 지음 |

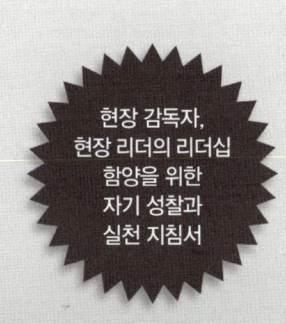

현장 감독자, 현장 리더의 리더십 함양을 위한 자기 성찰과 실천 지침서

팀장이나 현장 리더(현장 감독자)는 '여유'가 있어야 한다.
실무자는 문서를 만들고 보고하고 회의 등 현재 당장 해야 하는 일에 집중하고,
리더(Leader)는 여유를 가지고 미래 변화를 위해 생각하는 여유를 가져야 한다.

메이킹북스

머리말

 살면서 깨달은 삶의 원칙이 있다. 아주 단순한 원리, 원칙이다. 살아보니, 삶이란 '재미있으면 저절로 베풀게 된다는 것'이다. 삶이 재미있으면 자신도 모르게 관대해진다. 삶이 재미있으면 감사하는 마음 또한 커진다.

 두 번째 삶의 원칙은 '여유'다. '경제적 여유·시간적 여유'가 있으면, 삶에 활력이 넘친다. 삶에서 경제적 여유 또는 시간적 여유가 있으면 다른 사람의 이야기가 긍정적이고 좋게 들린다. 게다가 경제적, 시간적 여유가 있으면 손익에 덜 민감해진다. 그래서 삶에서 '재미와 여유'가 넘치면, 다른 사람들로부터 '대인배, 함께 어울리고 싶은 사람, 괜찮은 사람'이라는 소리를 듣게 되는 것이다. 이런 이유에서 나는 행복의 조건과 리더십의 요건을 '재미와 여유' 이 두 가지라 말하고 싶다.

 강의나 코칭 장면에서 만나는 팀장 또는 현장 감독자(현장 리더)에게 물어본다. 첫 번째 물어보는 것이 '재미'다.
 "사는 게 재미있으세요?"
 대부분 대답을 하지 않고 씩 웃는다. 그러면 범위를 좁혀 "직장 생활이 재미있으신가요?" 하며 다시 물어본다.
 그러면 이런 대답이 돌아온다.

"직장 생활을 재미로 하는 사람 몇 명이나 있겠습니까? 그냥 하는 거지요. 처자식 먹여 살리기 위해서."

정확한 대답이라고 생각한다. 사실 인생에서 재미있는 일은, 우리들 주머니 속에서 돈이 나올 때다. 스포츠 관람, 여행, 맛난 음식 전부 다 우리네 주머니 속에서 돈이 나오는 것들이다. 반대로 한 달에 한 번씩 주는 월급은 우리네 주머니 속으로 돈이 들어오는 것이다. 이 세상에 월급을 그냥 주는 회사나 조직은 없다. 스트레스, 짜증, 한탄 등을 요구하기 마련이다.

두 번째 질문 주제가 '여유'다.
"직장 생활을 하면서 마음의 여유나 시간적 여유가 있습니까? 어떠세요?"
그러면 팀장이나 현장 리더들은 보통 이렇게 대답을 한다. "하루를 어떻게 보냈는지 모르겠어요. 문서 결재하고 회의 주관하고 또 회의 참석하고 임원에게 보고하고 확인 차 현장에 내려가고 하루가 정말 어떻게 갔는지 정신이 없습니다."

사실 팀장이나 현장 리더(현장 감독자)는 '여유'가 있어야 한다. 실무자는 문서를 만들고 보고하고 회의 등 현재 당장 해야 하는 일에 집중하고, 리더(Leader)는 여유를 가지고 미래 변화를 위해 생각하는 여유를 가져야 한다.

'재미와 여유'의 관점에서 볼 때, 나의 경험상 크게 3번의 변화 시기를 겪은 것 같다.

2008년 금융 위기 이전까지는 '재미와 여유 낭만기'라고 생각한다. 제조업이 국제 경쟁력을 가지고 있었고, 제조 현장에서도 공동체 의식이 존재해 개인주의보다는 우리는 하나라는 집단의식이 더 강한 시기였다. 밤늦게 회사 작업복을 입고 2-3차 회식하는 모습을 쉽게 볼 수 있었다. 이 시기에는 생산 현장에 인원 관리가 타이트하지 않고, 여유 있게 관리하여 구성원들이 병가나 교육 참석 또는 기타 개인 사유로 휴가를 내도 현장 작업 진행에 별문제가 되지 않았다.

그리고 동료 간 유대감을 바탕으로 작은 이벤트(회식, 야유회 등)와 마음이 맞는 동료와의 가벼운 술자리, 식사 등을 통해, 직장 생활에서 작은 소소한 재미를 느낄 수 있는 시기였다. 이 시기의 제조 현장을 책임지고 있는 현장 리더(현장 감독자)들은 나름대로 대접받고 말이 잘 통해 일을 할 만한 시절이었다.

2008년-2017년은 '재미와 여유의 침체기'다. 사무직뿐만 아니라 제조 현장에도 성과주의가 도입이 되어, 모든 평가가 성과(Perform) 중심으로 조직이 운영되고, 관리되었다. 열심히 하는 것보다는 얼마나 효율적이고 능률적으로 일하고 관리했느냐가 중요한 지표가 되었다.
이 시기에는 경쟁력 강화를 위하여, 조직을 슬림화하고 인원 관리도 타이트하게 진행되었다. 어려운 경영 환경 돌파를 위하여, 제조 현장에 혁신이 가속화되고, 원가 절감 등 비상 경영이 자주 운영되었다. 그러므로 이러한 환경 속에서 현장 구성원을 관리하고 이끌어 가야 하는 현장 리더(현장 감독자)의 리더십 역량과 의지가 중요한 시기였다.

이 시기 현장 리더들은 그 이전보다 더 많은 변화와 책임을 요구받았다. 또한 더 많은 성과를 창출하는 현장 리더가 되기를 기대받았다. 해야 할 일이 점점 더 많아지고, 하기 싫은 혁신 활동에 구성원을 동참시켜야 하고, 기본과 원칙이 준수되는 조직을 만들어야 하는 등 자신의 역할에 피로감과 무력감을 느끼기 쉬운 환경을 맞이할 수밖에 없었다.

2018년부터, 주 52시간 근무 체제 실시로 인하여 일하는 방식이 근본적으로 변화되었고 삶의 가치관과 삶의 경험 환경이 완전히 다른 90년대 즉, 신세대가 본격적으로 현장에 입사하면서 사람 및 세대 간의 갈등이 본격화되었다.

공동체 감각보다는 사적 논리가 더 중요시되고, 리더의 말을 수용하는 것보다는 '그걸 왜 내가 해야 됩니까? 일을 해야 되는 이유가 무엇입니까?'라고 당당하게 질문하는 문화로의 전개를 봐서 지금의 경영 환경은 '재미와 여유 암흑기'라고 생각한다.

결국 현장 리더 입장에서는 시간이 가면 갈수록, 이래저래 더 어려운 환경이 펼쳐지고 있는 셈이다.

LG그룹, 현대중공업, Posco, 한국항공우주, LS그룹 등 지금까지 내가 만나 본 대한민국 현장 일선 현장 리더(현장 감독자)들은 요즘 들어 심적으로 많이 힘들어한다. 현장 리더(현장 감독자)들이 현장 직책 수행에 심적 피로감과 무력감을 느끼고, 일부 현장 리더(Leader)들은, 현장 리더 직책 수행을 회피하거나 포기하려는 경향을 보이고 있기 때문에, 힘들어하는 현장 리더에게 동기부여가 그 어느 시점보다 필요하다고 본다.

달라진 경영 환경, 변경된 근로 기준, 신세대의 출현과 갈등 등으로 인하여 새로운 리더십 스타일과 변화를 요구받고 있다. 내가 현장 리더(현장 감독자) 대상 리더십 책을 집필한 이유는 크게 두 가지다.

첫째, 팀장보다 숫자상으로는 족히 3배가 더 되는 현장 리더(현장 감독자)를 대상으로 한, 체계적인 리더십 함양 도서가 없다는 점이다. 현장 리더가 언제 가슴 아파하고 무엇 때문에 좌절하는 것이며, 다시 뛰는 현장 리더가 되기 위해 무엇이 필요한지 실전론을 발간하고 싶었다. 지금까지 발간한 현장 리더 리더십은 대부분 이론적이며 일반론이다. 단순히 좋은 내용들이라 현장 리더들이 크게 공감하기 어려울 것 같았다.

둘째, '정박 효과(anchoring effect)와 와이미 증후군(why me)'에 빠진 현장 리더에게 새로운 동기부여와 변화 방법론에 대한 내용을 제시하고 싶었다.

'정박 효과(anchoring effect)'란 배가 어느 지점에 닻을 내리면 더 이상 움직이지 못하듯이 처음에 제시된 하나의 이미지(Image)가 기억에 고정되어 어떤 판단을 내릴 때, 그 영향을 받게 되는 상태를 말한다. 한마디로 닻을 내린 배는 아무리 새로운 곳으로 이동하려고 해도 결국 같은 자리를 맴돌게 된다.

최근 교육이나 코칭을 하면서 만난 현장 리더들이 내린 닻은 '현장 리더는 동네북, 호구, 허수아비'라는 부정적인 자아상이었다. 이런 정박효과 때문인지, 자신만이 유독 조직에서 부당한 대우를 받고 있다고 생각하는 와이미 증후군(Why me)이 심했다. 간혹 자신의 주변에 온통 적들이 포진하고 있다고 인식하는 '적의 장벽 증후군'을 가진 현장 리더들을 가끔씩 만나곤 한다.

이러한 책 발간 집필 동기와 현장 리더에게 명확한 동기부여라는 목적을 달성하기 위해 총 3개의 Part로 구성하였다.

'Part 1. 흔들리는 현장 리더, 우리들은 동네북, 호구, 허수아비입니다'에서는, 자아상의 개념과 자아상의 구성 체계를 먼저 살펴보고 현장 리더들이 바라본 자신의 자아상(Self-Image)과 그렇게 생각하는 이유에 대해 사례 중심으로 설명하고 있다.

'Part 2. 건강한 자아상 정립을 위한, 현장 리더 역할 따라잡기'에서는 건강한 자아상을 정립하기 위해, 현장 리더가 수행해야 할 핵심 역할을 살펴보고, 이러한 핵심 역할 발휘를 가로막는 장애물에 대해 기술하였다.

'Part 3. 영향력을 발휘하는 리더의 첫걸음, 셀프 코칭'에서는 스스로 변화와 혁신을 추진하는 리더, 영향력을 발휘하는 현장 리더가 되기 위하여, 현장 리더가 생각하고 실천해야 할 5개의 주제에 대해 스스로에게 질문을 하고 답을 찾아가게 된다.

'인생도처유상수(人生到處有上手)'라는 말을 좋아한다. 이 말은 살다 보면 우리 삶 곳곳에 스승이 있다는 말이다. 즉, 우리 삶에 가는 곳마다 숨어 있는 고수가 있다는 의미다. 현장 리더 강의를 하면서 '정말 괜찮은 현장 리더다. 어떻게 혼자서 저런 역경을 이겨 냈을까? 정말 대단하다.' 이런 느낌을 주는 고수들을 종종 만나곤 한다. 이 자리를 빌려, 인생도처유상수 분들에게 감사드린다.

그분들과의 만남과 대화를 통하여 자각하고 생각을 정리할 수 있었기에 이 한 권의 책을 구성할 수 있었다.

이 책은 대한민국 제조업 제조 현장 최일선을 책임지고 있는 현장 리더(현장 감독자)를 주요 대상으로 했지만, 사무직 팀장에게도 일독을 권하는 바이다. 팀장들이 스스로 자신들의 리더십 현 좌표를 돌아보고, 더 나은 팀장이 되기 위한, 실천적 내용을 상당 부분 담고 있기 때문이다.

팀장에게 일독을 권하는 진짜 이유는, 이 책이 현장 리더의 아픔을 이해하고 공감하는 팀장이 될 수 있는 실마리를 제공하고 있기 때문이다.

이 한 권의 책이 현장 리더(현장 감독자) 분들에게는 다시 뛰는 동기부여의 책이 되길 기원하고 팀장에게는 현장 리더의 아픔을 이해하는 그런 유용한 책이 되기를 바란다.

처음에는 현장 리더라는 호칭 대신 '현장 감독자, 현장 책임자' 등으로 표현을 했다가 최종적으로 '현장 리더'를 선택했다. 그 이유는 통상 부르는 현장 감독자는 현장 사원을 감독하고 감시하는 다소 부정적인 뉘앙스를 주었기 때문이고, 현장 책임자는 주어진 일만 책임진다는 소극적인 개념으로 해석되어, 주도적으로 변화하고 이끌어 가는 리더상(Leader)에 착안하여, 현장 리더로 표현했다.

물건이 만들어지는 제조 현장(現場)이 정서적으로 건강해야 강한 회사가 될 수 있다. 현장 리더는 자신을 먼저 변화시키는 사람이다. 그리고 영향력 발휘를 통하여 함께 일하는 구성원을 행복하게 만드는 사람이다.

스스로 변화와 혁신을 추진하는 리더, 사람의 마음을 이해하고 움직일 줄 아는 리더, 회사의 현황과 나아갈 방향을 이해하고 주도적으로 혁신을 추진하는 리더(Leader)가 바로 '현장 리더(Leader)'의 모습이고 나아가야 할 방향이다.

금번 책 제목 '현장 리더 니가 해라'는, 지금의 현장 리더들이 가지고 있는 솔직한 정서를 일차적으로 표현한 것이다. 그리고 궁극적으로는 이러한 정서를 변화시키고 현장 리더들이 현장 리더의 역할을 정확하게 이해하고, 스스로 변화와 혁신을 주도하는 리더가 되기 위한 방법론을 찾는 것까지 포함하고 있다.

이 한 권의 책이 힘들어하는 작금의 현장 리더에게 작은 청량음료 같은 역할을 해, 마음의 쉼터가 되었으면 한다.

그리고 교육 장면에서 보다 많은 현장 리더와의 만남이 이루어져 정서적, 감정적으로 상호 간 공감하고 함께 발전하고 변화해 나가기를 기원해 본다. 또한 현장 리더 여러분의 파이팅과 도전을 기대해 본다.

나는 지금까지 총 3권의 경영 도서를 발간하였다.《전원인재경영》, 《당신의 몸값을 올려라》,《디지털 시대의 자기경영》이다. 책을 쓰면서 항상 느끼는 것인데, 표현의 한계를 절감한다. 강의하듯이 하면 정말 울림과 재미가 있는 책이 될 것 같은데, 늘 표현 때문에 아쉬움이 남는다. 부족한 부분은 독자 여러분들의 이해와 수용을 바란다.

그리고 책을 쓸 때 늘 공감하는 또 다른 한 가지는, 주변 사람의 격려가 큰 힘이 된다는 점이다. 그만두고 싶을 때, 옆에서 건네는 말 한마디가 참으로 힘이 된다. 더운 여름날 책을 쓰는 내내 포기하고 싶은 마음이 몇 번 찾아왔지만, 그때마다, 초안을 읽어 주고, 편집 방향에 대해 함께 고민해 준, 영원한 나의 편이자 동반자인 나의 아내가 있었기에 끝까지 완성할 수 있었다. 이 자리를 빌려 고마움을 전하고 싶다.

목차

Part 1

흔들리는 현장 리더, 우리들은 동네북, 호구, 허수아비입니다

- 세 가지 질문에 답해 보자 /18
- 행동을 지배하는 것은, 자아상입니다 /20
    1. 자아상(Self-Image)이란? /21
    2. 중요한 타인과 자아상 /22
    3. 자아상의 구성 체계 /27
        - 그릇된 자아상: 나이 많은 언니들은 싫어요 /29
        - 새로운 자아상을 가지다: 바보에서 천재로 /32
- 우리는 동네북, 호구, 허수아비입니다 /34
    - 타사 현장 리더들이 본 자신들의 자아상 /36
- 현장 리더의 애환과 외침
    - 부정적 자아상의 원인: 입김의 차이, 입장의 차이, 세대 간 인식의 차이 /40

Part 2

건강한 자아상 정립을 위한, 현장 리더 역할 따라잡기

- 킹핀에 대해 들어 본 적이 있습니까? /54
    1. 쌀딩크 박항서 감독과 킹핀 /56
    2. 인생 킹핀(king Pin) /59
- 현장 리더 역할 킹핀 /62
- 현장 리더 역할 킹핀 장애물 /67
    1. 경직된 조직 문화, 강압적 조직 문화 /68
    2. 지속성의 결여, 열정을 믿지 마라 /72
    3. 학습된 무력감(Learned Helplessness) /75

Part 3
영향력을 발휘하는 리더의 첫걸음, 셀프 코칭(Self-Coaching)

- 셀프 코칭 1: 어떤 리더로 기억되고 싶습니까?   /83
- 셀프 코칭 2: 여러분은 함께 밥을 먹고 싶은 리더입니까?   /96
  1. 매일 먹는 밥, 당신에게는 어떤 의미입니까?   /98
  2. 밥을 함께 먹고 싶은 리더 되기 '버리자, 비우자'   /101
     - 조급함과 지나친 관여   /102
     - 화살 잡는 원숭이   /106
     - 칭기즈 칸과 매 이야기   /109
  3. 밥을 함께 먹고 싶은 리더 되기 '채우자, 행하자'   /112
     - 평범한 단어, 어려운 실천 '정직'   /113
     - 절제 리더십: 감정의 절제, 말의 절제, 생각의 절제   /116
     - 겸청즉명   /131
- 셀프 코칭 3: 여러분은 전문가입니까? 숙달자입니까?   /138
  1. 물 실력과 진짜 실력   /140
  2. 영향력 발휘를 위하여 리더가 가져야 할 3력   /144
- 셀프 코칭 4: 역경이나 고난 시 당신은 어디에 있습니까?   /152
  1. 진정한 용기를 가진 리더란?   /154
     - 미국 역사를 바꾼 재키 로빈슨   /156
     - 비정상적인 관습과 관행을 바로잡다   /159
- 셀프 코칭 5: 여러분은 정성을 다하는 리더입니까?   /168

Part 1

흔들리는 현장 리더, 우리들은 동네북, 호구, 허수아비입니다

- ⊙ 세 가지 질문에 답해 보자
- ⊙ 행동을 지배하는 것은, 자아상입니다
- ⊙ 우리는 동네북, 호구, 허수아비입니다
- ⊙ 현장 리더들의 애환과 외침

◉ 세 가지 질문에 답해 보자

먼저 아래 세 가지 질문에 답해 보자. 이 질문은 리더로서 당신의 마음가짐을 결정하고 변화하기 위해 필요한 핵심을 알려 준다.

1. 여러분은 여러분 스스로를 어떤 리더라고 생각하고 있습니까?
2. 향후 어떤 리더로 기억되고 싶습니까?
3. 향후 원하는 리더가 되기 위하여, 무엇을 변화시키고, 어떻게 행동할 생각입니까? 그리고 여러분은 지금 새로운 변화를 할 용기가 있습니까?

왜 이런 질문을 여러분에게 던졌는지 이야기하기 이전에, 리더십에 대해 잠깐 살펴보도록 하자. 리더십(Leadership)의 핵심 및 본질은, 영향력 발휘를 통하여 지속적으로 조직을 변화시키는 것이다.

그런데 현실을 보면, 영향력 발휘는 고사하고 조직 분위기에 눌려 오히려 영향력을 받거나 복잡한 문제를 외면하고 회피하는 현장 리더들을 종종 만난다.

반면 탁월한 리더는 정신적 또는 육체적 역량 측면에 영향력을 미쳐 엄청난 변화의 바람을 몰고 온다. 결국 그 이전과는 완전히 다른 세상을 만들어 버린다. 그리고 우리들은 그 영향력과 변화에 감탄하고 존경의 눈빛을 보낸다.

2002년 거스 히딩크(Guus Hiddink)가 그렇게 했고, 2018년 쌀딩크 박항서 감독이 새로운 변화의 바람을 몰고 왔다. 이처럼 리더의 핵심은 동기부여를 통해, 영향력을 발휘하는 것이다.

그런데 우리는 리더의 화려한 성과(Performance)와 업적에 도취되어 망각하는 것이 하나 있다. 타인과 조직에 대한 동기부여와 영향력 발휘의 핵심은 바로, 리더의 건강한 자아상(Self-Image)과 자기평가가 선행되어야 한다는 점이다.

세 가지 질문에 여러분은 어떠한 대답을 했는가? 답변 내용이 긍정적이고 희망적인가? 그렇지 않으면 부정적이고 냉소적인가? 현장 리더가 리더십을 함양하기 위해서는 건강한 자아상(Self-Image)을 가져야 되는데, 내가 만나 본 많은 현장 리더들은 이상하게도 힘들어하고, 아파하고, 회피하고 있다. 그들과 이야기를 나누어 보면 표현은 다르지만 '현장 리더를 그만두고 싶다. 현장 리더 니가 해라' 이런 식의 맥락적 표현을 자주 접한다.

자아상(Self-Image)이 행동을 지배한다. 여러분은 스스로를 어떤 리더로 보는가? 여기에 리더십의 답이 있다.

⦿ 행동을 지배하는 것은, 자아상입니다

'부'에 관해 다루는 하브 애커의 《백만장자 시크릿》이라는 책의 초반부 주제가 자아상(自我象)이다. '부'를 말하는 책에서 심리에 관한 주제를 왜 다루었을까? 얼핏 이해가 안 되었다. 작가는 왜 이런 주제로 글을 썼을까?

책을 조금 더 읽어 보니 저자의 의도와 맥락을 파악할 수 있었다. 저자는 '당신은 어떤 사람인가? 자신을 어떻게 인식하고 평가하고 있는가?' 하는 자아상이 부의 창출과 유지 조건으로 보았기 때문이다. 부자는 긍정적이고 건강한 자아상(Self-Image)을 가지고 있다고 한다. 어디 '부'의 창출뿐이겠는가? 삶에서의 변화와 소통 그리고 리더십 발휘에도 자아상은 큰 영향을 미치고 있다. 왜냐하면 자기 인식과 자기평가에 따라 행동이 달라지고, 결과가 결정되기 때문이다. 행동을 지배하는 것은 다름 아닌 자아상(Self-Image)이다. 자아상의 개념과 구성 체계 그리고 현장 리더들이 자신을 어떻게 인식하고 평가하고 있는지에 대해 알아보도록 하자.

1. 자아상(Self-Image)이란?

국어사전에서는 자아상을, 자신의 역할이나 존재에 대하여 가지는 생각[1]이라고 말한다. 자아상은 내가 나를 보는 이미지(Image)다. 자기인식과 자기평가다. 즉, 자아상(Self-Image)은 잠재의식 속에 존재하고 있는 주관적인 자기평가다.

자아상은 어떤 상황에서, 어떻게 행동할 것인지를 결정하게 하는 힘이 있다. 행동하기 이전에 이미 마음에서 결정을 내리는 역할을 자아상이 하기 때문이다. 만약 마음의 결정이나 평가가 좋았다면 다음 행동에 주저하지 않는다. 왜냐하면 행동을 지배하는 것 역시 자아상이 하기 때문이다.

자아상(Self-Image)
1. 자신의 역할이나 존재 가치에 대한 생각
2. 잠재의식 속에 존재하고 있는 주관적인 자기평가
3. 내가 나를 보는 이미지(Image)

----
1) 출처: 국립국어원 표준국어대사전

2. 중요한 타인과 자아상

자아상은 중요한 타인(Significant others)과 삶의 경험 그리고 롤 모델의 영향을 통해 형성이 된다. 이 중에서 가장 강력한 것이 '중요한 타인들(Significant Others)'이다.

중요한 타인이란, 인간의 자아상 즉, 자아 개념에 가장 큰 영향을 미치는 사람을 말한다. 한 사람 인생의 영향이나 삶의 가치에 지대한 영향을 미친 사람들을 말한다.

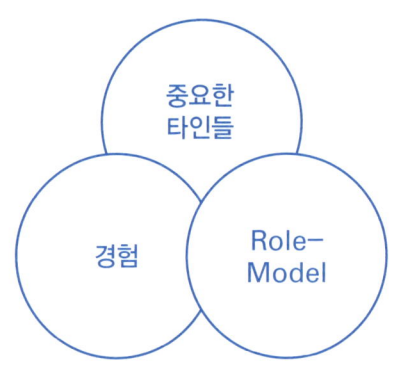

자아상(Self-Image)에 영향을 미치는 중요한 요인들

사람에 따라 부모, 친구, 교사, 존경하는 인물, 애인, 배우자 등 중요한 타인과의 상호작용을 통해 자아상이 형성된다. 돌아보면 내 인생에 지대한 영향을 미치는, 중요한 타인들이 있었기에 오늘날의 내가 존재한다고 생각한다. 내 자아상을 바꾼 중요한 타인에 대해 이야기하고자 한다.

초등학교 2학년 때 만난 주산 학원 여자 강사가 내가 만난 중요한 타인 중 한 명이었다. 이 이야기에 앞서, 내가 어떤 학생이었는지 말하고자 한다. 초등학교 1학년 때는 심하게 말을 더듬거렸고, 체격은 왜소했다. 친구들은 나와의 대화를 기피했다. 심하게 더듬거려 대화가 연결되지 않다 보니 속에서 천불이 났기 때문이다.

그래서 나는 초등학교 동창회에 잘 나가지 않는다. 동창회에 나가면 여자 동기들이 "정우야 직업이 뭐니? 무슨 일을 해?" 하며 질문한다. 그러면 "기업체 직원을 대상으로 강의하고 간혹 대학생 대상으로 세미나를 해. 내 직업은 산업 훈련 강사야"라고 대답한다.

그러면 여자 동기들이 뒤로 다 넘어간다. "정우야 거짓말하지 마라. 그렇게 심하게 더듬거리던 정우가 산업 훈련 강사 하면, 나도 하겠다." 그러곤 다 같이 한바탕 신나게 웃는다. 모두들 이렇게 이야기하는 것을 보면, 어린 시절 말을 더듬더듬하는 것이 초등학교 동기들의 눈에는 강렬하게 각인된 모양이다.

다시 돌아가서, 초등학교 2학년으로 기억한다. IQ 테스트를 했는데 내 IQ가 80으로 나왔다. 학교 선생님이 "정우 IQ는 침팬지와 똑같은 80이네"라며 말했다. 농담으로 말씀했겠지만 나는 그때 친구들의 웃음소리를 분명히 기억하고 있다.

학교 선생님은 종종 국어 시간에 돌아가면서 책을 읽도록 했다. 내가 국어 책을 읽을 때 더듬거리면, 답답해하던 선생님이 결국 한마디 던지셨다.

"어휴 답답하네. 정우야 또박또박 천천히 읽어 봐."

이상하게도 선생님이 그렇게 말하면 긴장감이 몰려와 더욱 잘 읽지 못했다. 그러면 또 한마디 덧붙이셨다.

"국어책도 제대로 못 읽고 앞으로 큰일이다. 정말 걱정이 되네."

초등학교 2학년 때 이런 몇 번의 경험이 쌓이고 난 후, '나는 바보다'라는 자아상을 가지게 되었다. 이런 자아상을 가지게 되자 희한하게도 이런 자아상을 증명하는 것이 눈에 잘 들어왔고, 도리어 찾기에 바빴다.

"봐! 더하기도 잘 못하잖아. 국어책도 잘 못 읽고 난 바보야. 앞으로도 잘하기는 힘들어" 이런 식으로 세상을 바라보기 일쑤였다.

시간이 흘러 여름방학이 되었다. 그 당시 방학 땐, 태권도 도장과 주산 학원을 가장 많이 다녔다. 태권도는 몸이 건강해지고, 주산은 머리를 좋게 한다고 하여 부모님들이 경쟁적으로 보냈다. 나 또한 내 의지와는 전혀 상관없이 어머니의 손에 이끌려 주산 학원에 등록하고 다니게 되었다.

부정적 자아상으로 가득 차 모든 일에 자신감이 떨어진 나는 매번 뒷자리 구석을 찾아다녔다. 선생님의 눈을 피할 수 있는 뒤쪽 가장자리가 가장 편했다.

그때 나의 이러한 부정적인 자아상을 변하게 만든 여자 강사를 만났다. 시간이 흘러 그분의 이름도, 얼굴도 잊어버렸지만, 나를 격려하고 칭찬해 준 그 말은 아직까지 기억하고 있다. 왜냐하면 그 당시 부모님과 형제를 제외한 나머지 사람들, 학교 선생님과 친구들은 모두 나를 바보라고 놀리며 그렇게 취급을 했는데, 그 주산 강사는 나의 강점을 바라보고, 발휘하도록 이끌어 주었다.

"정우야 머리가 좋은 사람은 말을 더듬거린대. 왜냐하면 머리가 너무 빨리 돌아가는데 말이 따라 가지를 못해서 그런 거래. 정우는 머리가 좋은가 봐."

종종 이런 말을 해 주었다. 강사가 내는 더하기 문제를 맞추면 박수를 치면서 실력이 아주 많이 늘었다고 칭찬해 주곤 했다.

어느 날이었다. 주산 숙제인 더하기 문제를 두 장 정도 풀었는데, 숙제 검사를 한 강사가 이렇게 글을 써서 나에게 주었다. '정우야 실력이 참 많이 늘었네. 우리 학원에서 정우 실력이 2등이야. 조금만 더 하면 1등도 할 수 있어. 정우야 너의 최고 강점은 인내와 끈기야. 조금 더 열심히 해 보자.'

이것이 계기가 되어 그때부터 주산을 미친 듯이 연습했다. 주산은 상당히 재미있었다. 재미가 있으니까 즐거웠고, 즐거우니 시간도 금방 갔다. 시키지 않아도 알아서 연습을 했다. 그때 알았다. 재미있으면 관대해진다는 것을 말이다. 또, 재미있으면 여유가 생긴다. 재미가 있으면 남의 말이 귀에 잘 들어온다는 것도 알았다.

주산이 너무 좋았다. 만화영화보다 더 재미있었다. 이렇게 재미를 붙이니 실력도 덩달아 늘어났다. 1년 후 공인 주산 1단이 되었다. 5학년 때는 공인 주산 7단이 되었고, 주산 경기 대회에서 여러 차례 상도 받았다.

다른 사람들은 비난하고 지적하고 나의 단점을 보았지만, 그때 만났던 강사는 나의 강점을 보고 칭찬했고, 결국 나를 움직였고 변화시켰다. 나를 바라보는 자아상이 변화하니 세상이 다르게 보였다. 더욱더 희한한 것은 어느 순간부터 더 이상 더듬거리지 않았다는 점이다. 자신감의 상승이 더듬거리는 증상을 없애 버린 것 같았다.

시간이 많이 흘러, 그 강사의 이름과 얼굴은 기억나지 않지만, 용기와 격려를 해 주었던 그 모습은 또렷이 기억난다. 다시 만난다면 이렇게 말하고 싶다.

"감사합니다. 당신은 내 인생과 자아상을 바꾼 중요한 타인이고, 내 삶을 바꾼 리더입니다."

3. 자아상의 구성 체계

삶을 변화시키는 강력한 힘을 가진 자아상(Self-Image)은 어떻게 구성이 되고 우리에게 영향을 미칠까?

자신과 주변 그리고 세상에 의미를 부여하는 역할을 하게 되는 자아상(Self-Image)은 자아상, 주변을 바라보는 눈 그리고 자아 이상으로 세 가지로 구성된다.

1. 자아상   : 나는 _____ 다.
2. 주변을 바라보는 눈 : 세상은 _____ 이다.
3. 자아 이상   : 나는 _____ 이어야 한다.

우리는 TV를 통해, 몸무게가 40kg 정도밖에 나가지 않는 여자 모델이 거식증으로 사망했다는 안타까운 보도 내용을 종종 접하게 된다. 이 여자 모델의 이야기를 자아상 (Self-Image) 구성 체계에 따라 한번 살펴보자. 그러면 다음과 같이 정리할 수 있다.

[몸무게 48kg 여자 모델 사례]

1. 자아상: 나는 여자 모델로서 뚱뚱하다. 40kg로는 안 된다.
2. 주변을 바라보는 눈: 세상은 더 날씬한 여자 모델을 원하고 있다.
3. 자아 이상: 나는 몸무게를 더 빼야 된다. 그래야만 세계 정상의 모델이 될 수 있다.

이처럼 왜곡된 자아상(Self-Image)은, 대상을 바라보는 시선에 색안경을 끼운다. 이것을 인지 편향(Cognitive Bias)이라고 한다. 우리는 기억하고 싶은 것만 기억한다는 의미인데, 우리는 자기 자신과 자기 삶에 대해 의견(대본)을 가지고 있다. 나는 이런 사람이고 세상(조직)은 이러이러하다는 각자만의 의견(대본)을 갖고 있는 것이다. 그 의견은 우리의 기억에까지 영향을 미친다. 사람들은 자기 의견에 맞는 것만 형성하고 보존하려 한다.

변화하고 성장한다는 의미는 관점 즉, 자아상(Self-Image)이 바뀐다는 의미다. 잘못된 자아상에서 벗어나 새로운 자아상을 형성하는 것이 진짜 변화이고 성장(Growth)하는 것이다.

그릇된 자아상: 나이 많은 언니들은 싫어요

나의 취미 중 하나가 탁구다. 잘 치지는 못한다. 상수, 중수, 하수 중 스스로 '중수' 정도는 된다고 생각하는데, 주변 지인들은 동의하지 않는 눈치다. 그들에게는 '하수'로 보이는 모양이다. 따로 레슨을 받은 적은 없고 그냥 중학교 시절 친구들과 어울려 배운 길바닥 탁구라 폼이 영 아니니 그들 눈에는 당연히 만만한 '하수'로 여겨졌을 것이다. 돌이켜 보면 탁구 동아리 활동을 열심히 한 그때가 참 좋았다. 땀을 흘리고 사람들과 어울리고 동우회 회원들과의 긴장되는 시합 등….

탁구 동아리 활동을 할 때다. 인상이 좋고, 성격이 시원시원한 중년의 여성이 동아리에 가입을 했다. 탁구 실력은 중수와 상수 사이었고 친화력이 좋아 서로 탁구를 같이 치려고 했다. 나도 몇 번 시합을 해 봤는데 실력이 대단해 긴장도 되고 승부 근성이 생겨 재미가 좋았다.

하지만 신입 여성은 자기보다 나이가 많은 동아리 여성 회원과 탁구 시합을 하면 강한 승부 근성이 발동했고, 탁구 시합이나 게임에서 지면 분한 감정이 얼굴에 금방 드러나곤 했다. 자기보다 나이가 어린 동생들과 시합을 하면 즐탁(즐기는 탁구)인데, 너무나도 대비되는 모습이었다. 자기보다 나이 어린 동생들의 말은 잘 들어 주고, 웃어 주고, 같이 손뼉도 치고 잘 어울렸다. 그런데 자기보다 나이 많은 동아리 회원들과는 어느 정도 거리를 두었고 동생들하고만 있으면, 자기보다 나이 많은 여성 동아리 회원 흉도 보고 뒷말도 심하게 하곤 했다. '저 언니는 인간성에 문제가 있다. 실력이 조금 있다고 유세를 한다. 말을 너무 모질게 한다. 탁구 기본 예의도 모른다. 밥맛이다' 이런 식으로 깎아 내리기 바빴다.

시간이 지나서 편한 관계가 되었을 때, 한번은 동아리 회원들 중 마음이 잘 맞고 편안한 사람에 대한 이야기를 나누었다. 그 여성 회원은 이렇게 말했다. "나는 나보다 어린 동생들하고는 너무너무 마음이 잘 맞아요. 그런데 나이 많은 언니들은 처음엔 금방 친해지는데 한 달쯤 지나면 갈등이 생기고 자꾸 싸워요. 그래서 이런 일이 몇 번 반복된 후로는 일부러 저보다 나이 많은 언니들하고는 거리를 둬요."

그 당시에는 왜 저렇게 행동하는지, 이상하다고만 생각했다. 나중에 그녀에 관하여 전해 들은 후에야 비로소 왜 그렇게 행동했는지 이해할 수 있었다.

그 신입 여성 회원은, 어린 시절 주위의 관심을 독차지하던 언니 때문에 늘 수치심에 시달렸고, 무시당하는 느낌에 괴로웠다고 했다. 부모님이 자신에게 늘 하던 말은 "너는 왜! 그 모양이야, 언니 보고 좀 배워라, 언니만큼 똑똑하고 얼굴이 예쁘면 얼마나 좋아. 제발 언니 반만 닮아라"였단다.

이런 식의 말이 자신을 그렇게 만든 것 같고, 나이 많은 사람들을 보면 어린 시절 비교당했던 자신의 모습이 떠올라 자기도 모르게 그렇게 행동을 하게 되었다고 했다. 고치려고 하는데 잘 되지 않아 스스로 더 괴로워했다. 이 이야기를 전해 듣자, 어린 시절 부모의 양육 방식에 의해 언니와 심하게 비교를 당하면서 성장해, 자기 스스로를 구속하는 것이 참 안타까웠다.

이런 경험으로 자아상(Self-Image)이 삶에서 큰 영향을 미친다는 것을 다시 한번 깨달았다. 특히 어린 시절 겪었던 사건에 의해 형성된 자아상은 평생 갈 수도 있다는 것 또한 알게 되었다.

새로운 자아상을 가지다: 바보에서 천재로

15살 때 한 선생님으로부터 '너 같은 바보는 공부해도 소용없다. 너는 저능아다. 장사나 하는 것이 낫겠다'라는 말을 듣고 17년 동안 보따리 장사를 하면서 떠돌이 인생을 산 남자가 있었다. 그는 늘 생각했다. '나는 저능아다. 나는 바보다. 나는 무능한 인간이다'라며 자신을 천대하고 박대했다.

자신에게 영향력을 미치는 선생님으로부터 들었기에 그는 자신이 바보이고, 저능아라는 사실에 대해 한 번도 의문을 품어 보지 않고 의심하지 않았다. 무슨 일이 잘못되면 '봐, 나는 안 돼, 나는 바보 멍청이야. 나는 무능해'이런 말로 자신이 바보, 저능아라는 사실을 스스로에게 각인시켰다.

17년 동안 '바보, 저능아 자아상'으로 살아온 그가 32살이 되었을 때, 우연히 IQ 검사를 하였는데, IQ가 161이라는 사실을 알게 되었다. 그때부터, 천재처럼 말하며 천재처럼 행동하기 시작했다. 그러자 자신을 바라보는 눈이 바뀌고 말이 바뀌고, 행동이 달라졌다.

자아상이 바뀌자 생각이 달라졌고, 행동이 긍정적이고 진취적으로 변화되었다. 결국 긍정적, 진취적인 자아상과 도전 정신으로 수많은 책을 발간하고 특허를 내며 사업에도 크게 성공하여 큰 부자가 되었다. 나중에는 IQ 148 이상이 가입할 수 있다는 멘사 클럽의 회장이 되기도 했다. 그의 이름은 빅터 세리브리아코프(Victor Serebriakoff)이다.

무엇이 빅터의 인생을 달라지게 했을까? 핵심은 바로 자기 자신을 바라보는 자아상(Self-Image)의 변화이다. 행동을 바꾸고 싶다면 자아상을 점검하고 분석하라. 왜냐하면 행동을 지배하는 것은 다름 아닌 자아상이기 때문이다.

⊙ 우리는 동네북, 호구, 허수아비입니다

자아상(Self-Image)의 개념과 구성 체계 그리고 사례를 통하여 자아상이 우리의 행동을 지배한다는 사실을 알아보았다. 현장 리더(Leader)들의 리더십 함양을 위하여 현장 리더들이 자신들을 어떻게 인식(awareness)하고 평가하고 있는지, 현장 리더들이 자신을 바라보는 자아상(Self-Image)에 대해 살펴보고자 한다.

현장 리더 강의나 코칭을 할 때, 빈칸 채우기 기법을 자주 활용한다. 빈칸 채우기는 부담감을 주지 않으면서 사람들의 자아상(Self-Image)을 잘 파악하도록 도와준다.

'현장 리더는 ＿＿＿＿ 다.'

회사 규모나 업종에 상관없이 가장 많이 나오는 빈도 높은 단어가 '동네북, 호구, 허수아비, 영원한 을' 등이다. 물론 등대, 횃불, 희망, 태양 등의 긍정적인 자아상(Self-Image) 표현 또한 도출되기도 한다. 그런데 긍정 자아상과 부정 자아상 표현의 비율이 약 2:8 내지는 3:7 정도로 부정적인 자아상 표현이 훨씬 더 많이 나온다.

자아상(Self-Image) 중 '동네북'의 본디 의미는, 동네 사람들이 공통으로 사용하는 북으로 무슨 일만 있으면 꺼내 두들겨 팬다는 의미에서, 여러 사람이 두루 건드리거나 만만하게 보는 사람을 비유적으로 이르는 표현이다. 즉, 온 동네 사람에게 얻어맞는 사람을 지칭한다.

현장 리더들이 자신의 현재 자아상(Self-Image)을 온 동네 사람에게 얻어맞는 동네북으로 표현한 것을 보면, 자신들의 입장을 이해하고 공감하기보다는 힘들게 하고 아프게 하는 사람들이 많다는 것을 알 수 있다.

언제, 무엇 때문에 '동네북, 호구, 허수아비' 같은 단어를 연상했는지, 사례를 통해 현장 리더들의 생생한 목소리를 함께 들어 보고자 한다.

타사 현장 리더들이 본 자신들의 자아상

'다시 뛰는 현장 리더 되기'라는 과정 타이틀을 걸고, 자아상(Self-Image)을 근간으로 현장 리더 리더십 프로그램을 진행한 적이 있었다. 현장 리더들의 아픔, 좌절 그리고 고민을 공감하기 위하여 그때 나온 현장 리더(Leader)들의 진솔한 이야기를 있는 그대로 전달하여 함께 공감하고자 한다.

원하는 자아상(Self-Image): 이런 현장 리더가 되고 싶습니다.

후배에게 삶과 직장 생활에서 방향을 제시해 주고, 든든한 길목이 되어 주는 등대와 힘들고 시련이 다가와도 굴하지 않고 다시 털고 일어나는 오뚝이 같은 현장 리더가 우리들이 바라고 원하는 미래의 모습, 자아상(Self-Image)이다.

원하는 자아상을 발표할 때, 등대와 오뚝이 같은 현장 리더가 되었다고 상상하면서 힘차게 발표하라고 했더니, 목소리에 힘이 들어가고 표정이 밝아 보였다. 미래 긍정의 모습을 상상하는 것만으로도 큰 힘이 되는 모양이다.

구 분	바람직한 행동
등 대	· 조직원에게 길을 밝힌다. 1. 애로 사항 파악을 위하여 함께 시간을 보낸다. 2. 어두운 곳에서 밝은 곳으로 안내한다. 3. 마음의 먹구름(고민, 애로 사항)을 제거해 주고 든든한 길목이 되어 준다.
오뚝이	· 힘들어도 포기하지 않는다. 1. 시행착오를 겪고 다시 일어난다. 2. 실수는 있어도 실패는 없다. 3. 변명을 찾는 리더가 아닌, 일어서고 다시 도전하는 현장 리더이자 선배이다.

현재 자아상(Self-Image)은 현재 우리들의 모습입니다. 등대와 오뚝이 같은 현장 리더가 원하는 자아상(Self-Image)인데, 비바람과 모진 풍파에 의해 마음과 몸이 많이 지쳤다. 그래서 현재 우리들이 바라본 솔직한 우리들의 자아상(Self-Image)은, '힘없는 경비원, 호구'라고 생각한다.

구 분	현재 모습
호 구	· 잘하는 것은 표시가 없고, 이야기도 없고 못하는 것이 있거나 문제가 생기면 온 동네에서 우리를 찾고 비난한다.
힘없는 경비원	1. 비가 오나 눈이 오나 비바람이 불어도 곡식을 지키는 힘없는 경비원 2. 누구나 시키고 욕해도, 제자리를 지키고 있는 영원한 약자 3. 자기 목소리를 제대로 못 내는 힘없는 을

현재 자아상을 발표한 리더가 발표를 마치고 이런 말로 자신의 현재 심경을 이야기했다.

"우리들 자신을 힘없는 경비원이나 호구라고 인식하고 이름표를 내면에 붙여 주니 상사의 지시가 전부 다 잔소리로 들립니다. 무엇을 해도 삐딱선을 타 자신도 모르게 냉소적, 부정적, 회피적인 행동을 하며 이런 것이 반복되니, 무기력해지고 짜증만 납니다. 그렇다고 인사 팀에 '나 하기 싫소', '현장 리더 니가 해라'라는 말을 할 수도 없고 그러려니 하고 시간을 보내고 있습니다."

호구, 힘없는 경비원 이외에 청소부, 허수아비, 상머슴, 샌드위치 같은 자아상 표현 단어들이 자주 나왔다. 표현은 다르지만 현장 리더들이 자신을 바라보는 자아상의 존재 가치와 역할 수행에 대해 물음표를 던지고 있다는 점은 동일했다.

청소부	· 여러 부서에서 업무 개선 부문을 협의하여 진행 시 결과가 좋을 때는 성과 지표로 표현하고 나쁜 결과가 나타나면 현장의 작업 표준 및 작업 방법상의 문제로 돌려 처리하므로 공정의 모든 업무를 도맡아 처리하는 청소부의 느낌이 든다.
허수아비	1. 품질 불량 발생으로 재처리 진행 시 현장에서 제시한 조건보다 관리 부서에서 제시한 조건으로 작업 시 실제 관리자의 존재감을 못 느낀다. (업무 부분) 2. 업무 추진 시 며칠 동안 업무를 하다가도 상사의 말 한마디에 구두로 업무가 진행되는 경우가 빈번하다. (업무 부분)
상머슴	1. 권한은 없고 책임만 많다. 2. 무궁무진한 해결책을 요구한다.
샌드위치	1. 항상 상사와 현장 부서원의 눈치를 봐야 한다. (샌드위치) 2. 현장 관리자의 생각보다 상사의 생각이 우선이다.

현장 리더 교육을 하면서 개인적으로 가장 기억에 남는 현장 리더 한 명이 있다. 자아상(Self-Image) 개념과 자아상 도출 교육을 하고, 회사 주재 임원 특강 후 주재 임원과 같이 중식을 먹는 과정을 진행했다. 그런데 이분이 주재 임원과 점심을 먹지 않겠다는 것이다. 얼굴에는 짜증과 화가 잔뜩 나 있었다.

나는 내가 정서에 부응하지 못하는 이야기를 했거나, 주파수가 안 맞아 나에게 화가 난 줄 알았다. 이야기를 나누어 보니, 그 이유를 알 수 있었다. "주재 임원이라는 분이 몰라도 너무 몰라요. 우리들의 마음을 말이에요. 무엇 때문에 힘들어하는지, 언제 무기력에 빠지는지 관심도 없고 오로지 기본과 원칙이 준수되는 현장 조직을 만들라고만 하니 공감이 되지 않고 이상하게 화만 나네요…."

"현장 리더가 되기 전에는 직장 생활이 참 재미있었는데, 현장 리더가 된 이후로는 재미가 없어요. 내가 왜 현장 리더가 되었는지 모르겠어요. 힘만 들고, 현장 리더 니가 하라고 말하고 싶어요…."

교육이나 코칭 장면에서 만나 본 많은 현장 리더들의 마음은 밀가루 같았다. 바스러져 있고 조금만 바람이 불어도 하염없이 이리저리 날아다니고 있었다. 다시 뛰는 현장 리더가 되기 위해서는 스스로 건강한 자아상(Self-Image)을 갖도록 노력하고, 주변 사람들은 이들의 마음에 접속하여 마음을 알아주는 것이 필요하지 않을까 생각한다.

⦿ 현장 리더의 애환과 외침

　현재 대한민국 제조업 현장 리더들의 대표적인 자아상(Self-Image)에 대해 살펴보았다.
　무엇이 이러한 자아상(Self-Image)을 가지도록 만들었을까? 나는 입김의 차이, 입장의 차이, 인식의 차이가 이러한 부정적인 자아상을 초래했다고 생각한다.

부정적 자아상의 원인 1: 입김의 차이

　국어사전에서 입김은 '입에서 나오는 더운 김'[2]이라고 되어 있다. 여기서 말하는 입김은 영향력을 의미한다. 현장 리더들이 자신들을 호구, 허수아비, 동네북 등 부정적으로 평가하는 이유 중에 하나가 바로 '입김의 차이'이다. 즉, 말이 먹히는 정도와 영향력 차이 때문이다.

　대기업, 중견 기업에서 1년에 한두 차례, 우수 사원을 뽑아 해외 연수를 보낸다. 이 해외 연수의 목적은 우수한 해외 기업 벤치마킹을 통해, 경각심을 가지고 다시 열정적으로 의욕을 고취하는 데 있다. 이때 현장 리더가 우수 사원 대상자를 추천하게 된다.

----
2)　출처: 국립국어원 표준국어대사전

정말 자기 자리에서 묵묵히 최선을 다한 사원을 공정하게 선정하여 추천한다. 현장 리더가 추천한 현장 사원은 누가 봐도 정말 열심히 일한 사람이다. 아무도 이의를 제기할 사람이 없다. 평상시 자신의 자리에서 묵묵히 최선을 다한 현장 사원을 위하여 무언가를 해 줄 수 있다는 점에 현장 리더는 작은 자부심을 가진다.

그런데 결재 진행상에서 해외 연수 대상자가 바뀌는 불상사가 종종 발생하게 된다. 본인이 추천한 사람보다, 결재 라인(Line)상에서 상위자가 추천한 사람이 대상자가 되거나, 힘이 있는 조직과 평상시 유대 관계가 높은 현장 사원이 파워 있는 조직의 힘을 빌려, 해외 연수 대상자 최종 명단에 선정되곤 한다. 이 과정에서 현장 리더의 의견이나 양해는 없고 결과만 통보되는 경우가 많다.

이렇게 되면 현장 리더는 참 황당하다. 평상시 회사에서 현장 조직 분위기 조성을 위하여 '기본과 원칙'을 준수하라고 누누이 강조해 놓고서는 막상 기본과 원칙을 회사에서 무너뜨리니 힘이 빠지고 허탈감에 휩싸인다.

맡은 바 자리에서 묵묵히 최선을 다한 사람보다는 줄을 잘 서고, 약삭빠른 사람이 해외 연수 대상자로 당당히 선정되는 것을 보고 '나는 무엇을 하는 사람인가?' 하며 자괴감을 느낀다.

입김의 차이(영향력의 차이)에 관하여 다른 회사의 사례를 하나 더 살펴보도록 하자.

이 회사는 현장 사원의 근태가 문제였다. 젊은 현장 사원이 다수인, 이 회사는 근태 문제 즉 지각이나 결근을 하는 사람 관리가 중요한 이 슈였다. 갑자기 예고 없이 결근을 하게 되면, 작업 관리를 해야 되는 현장 리더 입장에서는 당황스러울 뿐이다. 묵묵히 자신의 자리에서 일을 하는 다른 현장 사원은 말하지 않지만, 한두 사람 때문에 힘이 드니 짜증이 난다. 그러나 그것에 대해 말을 하지는 않는다. 이야기를 하게 되면 그 사원과의 감정적 갈등과 충돌이 일어나 매일 보는 사이가 껄끄러워지는 것에 대한 우려로, 그러려니 하면서 지나간다.

이 회사도 근태 문제를 야기하는 사람이 계속해서 문제를 발생시켰다. 회식 때나 친구와 술을 먹을 때 절제하지 못하고 밤새워 달려, 몸이 힘드니 아침에 갑자기 문자 하나 보내고 결근이나 지각을 해 버린다. 한두 번 구두 경고를 했지만 행동이 달라지지 않자, 현장 리더는 이렇게 해서는 안 되겠다 싶어 결국 회사 규정대로 강력하게 제재를 가했다. 인사 위원회에 이 사원의 징계를 올린 것이다.

그런데 이때 입김의 차이 즉, 힘의 균형이 무너진다. 지각 또는 무단 결근을 하는 이 현장 사원이 조합이나 제재한 현장 리더의 상사를 찾아가 자기의 억울함을 이야기한다. 현장 리더가 평상시에도 자기를 미워했고 편견을 가지고 자신을 대해 억울하다고 한다. 자기는 딱 두 번을 지각하고, 한 번 무단결근했다는 것이다. 다른 동료들도 지각하고 결근하는데 유독 자기만 미워한다고 덧붙인다.

그러면 조합은 회사 노경팀에 강력하게 항의를 한다. 현장 리더라는 사람이 공정하지 못하고 감정적인 측면 때문에 무고한 현장 사원을 징계 위원회에 올렸다고 말이다. 문제를 삼고 진상 조사를 요구한다. 그러면 회사 경영진은 현장 리더에게 왜 이렇게 시끄럽게 일을 처리하느냐, 조용하게 문제를 처리할 수 없느냐는 등의 기본과 원칙을 준수한 자신에게 문제가 있는 것처럼 대한다.

그리고 노동조합의 항의를 받은 회사에서 이 일을 없던 일로 만들어 버린다. 그러면 현장 리더는 너무나 황당해진다. 그러곤 생각한다. 조용하게 문제를 처리하는 것이 최고구나…, 괜히 나서면 골치만 아프구나….

'입김의 차이'로 인한 이런 유사한 일이 몇 번 누적되면, 현장 리더는 스스로 답을 찾는다. 그리고 그 답에 맞게 행동을 한다.

'입김의 차이(영향력)'로 인하여 현장 리더들이 내린 답과 행동들

- 나서면 일만 많아진다.
- FM대로 처리하면 골치만 아프다.
- 나만 아니면 돼.
- 대세에 따라가자.
- 괜히 앞장설 필요 없다. 나서면 총알 맞는다.
- 소신 있는 것은 좋지만, 소신대로 하려면 피곤하다. 소신보다는 눈치로 그때그때 분위기를 살피자.
- 좋은 게 좋은 것이다.

부정적 자아상의 원인 2: 입장의 차이

부정적 자아상(Self-Image)을 가져오는 두 번째 원인은 '입장'의 차이다. 현장 사원에서 현장 리더(통상 반장, 조장, 기장, 전문과장 등으로 명명됨)로 승진이 되면 입장이 바뀌게 된다. 이 바뀐 '입장'이 스트레스가 되고, 부정적 자아상을 가져오게 된다.

첫 번째가 '정서 공감자에서 명령자, 통제자'로의 입장 변화이다. 정서 공감자란 같은 입장에서 같은 생각과 같은 느낌을 가지는 마음의 아군이라는 의미다. 한마디로 정서 공감자란 같은 편, 한편이라는 뜻이다.

정서 공감자 상호 간에는 형, 동생이란 호칭과 함께 술, 당구, 식사 등으로 함께 시간을 보내면서 진한 유대감과 동질감을 가지게 된다. 이러한 강한 유대감 또는 동질감은 다른 사람에게는 상당히 배타적이 된다. 이런 조직에서의 관계 맺기는 아주 단순하다. 같은 편 아니면 적군, 마음이 통한다, 좋다, 싫다 등 주로 감정적 회로가 작동된다.

같은 편이 되려면 공동의 취미, 공동의 주제, 공동의 언어가 필요하고 또 공동의 적이 필요하다. 그 공동의 적은 통상 자신에게 명령하고 통제하는 현장 리더가 된다. 현장 리더가 되기 전에는 편하게 부담 없이 현장 직장 동료와 술 한잔 먹으면서, 상사인 현장 리더를 안주 삼아 신나게 뒷말을 하곤 했다.

그런데 이제 본인이 명령자, 지시자, 통제자 역할을 해야 하는 현장 리더가 되었다. 하루아침에 '입장'이 바뀐 것이다. 자신에게 주어진 현장 생산 관리, 품질 관리, 안전 관리 등을 수행하기 위해서는 부득이하게 어제의 정서 공감자였던 동료들에게 지시하고 관리하고 때론 통제를 해야만 한다.

그러면 어제까지 같은 마음의 한편이었다고 인식하고 있던 현장 동료들은 현장 리더가 되고 나서부터는 사람이 변했다고 하면서 심리적으로 거부한다. 조직 분위기에 따라 은근하게 저항하거나, 혹은 심리적으로 대놓고 저항한다. 혼자 일할 때가 편했는데, 어제까지는 같은 편이라고 생각했는데 오늘부터 갑자기 사람 때문에 힘이 든다.

자기의 말이 잘 먹혀 들어가지 않으면, 내가 왜 힘든 현장 리더를 했을까? 현장 리더가 되기 전까지는 참 좋았는데 하는 생각이 자주 든다. 그렇다고 힘이 든다고 이야기할 데도 별로 없다. 그냥 참고 버틸 뿐이다. 다른 현장 리더도 다 그래 하면서 말이다.

사람들은 현장 리더를 포함한 팀장, 임원 등 리더에 대해 좋은 인식을 가지고 있지 않다. 대부분 명령자, 자신을 구속하는 사람, 관리하는 사람, 귀찮게 하는 사람이라는 인식을 가지고 있다. 그래서 팀장이나 현장 리더가 되면서 마음고생이 시작된다고 보면 된다.

부정적인 자아상(Self-Image)을 가지게 되는 또 다른 이유가 정서적으로 소외되고 지지받지 못한다고 느끼기 때문이다. 어제까지 편한 관계, 무슨 이야기라도 편하게 격의 없이 할 수 있었는데 현장 리더가 되고 나서부터는 달라진 것이다. 정서적 공감이 사라지고, 무언가 대립하는 느낌이 들고, 때론 심리적 저항을 받고 이것을 설득해야 되고, 이것이 반복되니 심리적으로 지쳐서 부정적인 자아상을 가지게 되는 것이다. 이런 일상이 반복되면 만사가 귀찮고 짜증만 난다. 제대로 보다는 별 탈 없이 조용하게 일상이 진행되기를 바란다.

부정적 자아상 첫 번째 원인이 입장의 변화(정서 공감자, 통제자, 관리자)이고, 두 번째가 '신분 입장 차이' 때문이다.

통상 반장, 조장 등 최일선 현장 리더들은 교대 근무 조의 책임을 지고 반장, 조장 위에 있는 실장, 기장은 주간 근무만 한다. 실장, 기장이 되면 조합원에서 자동 탈퇴되어 사무 기술직이 된다. 반면에 반장, 조장은 직책이 현장 리더지만, 조합원의 신분을 그대로 가지게 된다. 신분적 입장이 참 애매하게 된다.

특히 사람 관리 측면에서 애매한 입장에 놓이게 된다. 실장의 지시를 받아 조원들에게 전달을 하면, 왜 같은 조합원이고 우리 입장을 가장 잘 아는 사람이 회사 편에 서느냐, 반장이 되면서 사람이 달라졌다는 소리를 듣고, 실장에게는 현장 경험이 많은 사람이 조원들 하나 관리하지 못하느냐며 핀잔을 듣는다.

상사의 기대와 구성원의 기대 사이에 놓여 두 쪽 모두 만족시키지 못하고, 불만의 대상이 된다. 이렇게 중간에 놓여 힘이 들고, 양쪽을 만족시키지 못해 불만의 대상이 되면 한쪽을 선택하게 된다. 그래야 스트레스에서 벗어날 수 있기 때문이다.

이런 입장의 차이 때문에 그들에게 당신은 현재 어떤 리더냐고 물어보면 '동네북, 호구, 허수아비' 등의 부정적인 자아상을 이야기하게 되는 것이다.

상사의 기대, 구성원의 기대 사이에서 허우적거리고, 어느 쪽에서도 칭찬과 지지를 받지 못하고 눈치를 보아야 하기에 심적으로 힘든 것 같다. 가정과 직장에서 우리들을 그냥 내버려 두기를…. 우리에게 마음의 자유를 달라고 이들은 지금 외치고 있는지 모른다.

입장 변화 1: 정서 공감자에서 업무 지시자로

1. 평소 직장 동료로 지내 오다가, 생산 현장 리더가 되었을 때 생기는 갈등
2. 동료 역할에서 지시자, 통제자, 관리자로서의 역할 수행

입장 변화 2: 조합원이면서 조합원을 관리, 통제해야 하는 입장

1. 상사의 기대: 풍부한 현장 경험으로 제대로 된 관리 요청
2. 반장: 직책은 현장 리더, 신분은 조합원
3. 반원: 우리들의 입장을 제일 잘 이해하는 당신이 왜 우리 편을 들어 주지 않는지 의문 제기

부정적 자아상의 원인 3: 세대 간 인식의 차이

입사 20년 차가 된 어느 현장 리더의 독백을 먼저 들어 보자. 예전에 내가 입사할 때만 해도 선배들이 어려워서 어떻게든 배우려는 마음이 컸다. 그리고 하고 싶은 일이나 불만이 있어도 내가 어떻게 해야 하는지를 선배들한테 물어보는 게 당연했고, 그다음에 알려 준 방법대로 개선해 나가는 경우가 많았다. 그런데 20년이 지나 내가 조장이 되어서 후배들을 보니 정말 기가 막힌다.

특히 〈업무 근태 관리〉가 너무 자유롭다. 조퇴를 할 때에도 당일 오전에 문자만 하나 딱 보내고 자기는 할 도리를 다했다는 식이다. 모두가 업무 근태 신청을 어떻게 해야 하는지 알고 있는데, 문제는 그것을 지키지 않아도 된다는 생각이 깊이 인식되어 있다는 점이다. 각종 업무 근태에 관한 규정과 절차는 알고 있는데 그것을 무시하거나 자기 편리한 대로 해석한다는 점이다.

더 큰 문제는 현재 현장 감독자들이 적용하는 각종 업무 근태 기준이 정말 다르다는 것이다. 회사 내에 수많은 회사가 있는 느낌이다. 규정대로 업무 근태를 처리하면, '다른 감독자는 다 해 주는데, 왜 안 되냐고 강력하게 항의하는 식'이다.

대부분 현장 감독자들이 다투는 것이 귀찮고, 말다툼하기 싫어서 그냥 편한 대로 처리해 주다 보니 그것이 이제 관행이 되어 지금은 정상적 절차가 오히려 비정상처럼 되어 버렸다. 기준의 일관성이 필요한데, 지금은 그렇지 않기 때문에 우리 현장 감독자나 현장 리더들만 샌드위치 신세다. 위에서는 누르고, 아래에서는 치고 올라오고 정말 숨이 막힌다. 사방팔방에서 공격하는 대상이 우리다. 잘했을 때에는 아무 소리 안 하다가, 무슨 문제만 터지면 야단법석이다.

'스트레스는 엄청 받지만 어쩌겠는가? 돈 받고 다니는 회사인데 참고 일해야지….'

다들 이렇게 생각하는 것 같다. 어느 회사나 정도의 차이는 있지만, Y세대와의 관계 맺기가 문제다. 자기 할 말을 다 하는 젊은 세대와 할 말은 많지만 조직과 팀워크를 위하여, 속으로 삼키는 구세대, 조직의 헌신 가치를 중요한 덕목으로 생각하는 기성세대… 조직을 위하여 나의 시간을 기꺼이 양보하는 것이 당연하다고 생각했는데, 요즘 Y세대는 퇴근 후의 시간을 조직보다는 자신을 위한 시간으로 보내며, 자신이 가장 중요하다고 생각하는 ME, Oriented 중심의 성향이 강하다.

세대 간의 인식이 워낙 차이가 나서 도통 말이 먹히지 않고, 대화가 안 되는 Y세대 때문에 현장 리더들은 힘들어진다. 이런 Y세대에게 명령보다는 부탁하고 맞추어 주면서 일을 해야 하는 자신들의 입장 때문에 스스로에 대한 부정적인 자아상을 자연스럽게 가지게 되는 것이다.

[자기 성찰을 위한 질문]

1. 여러분의 자아상에 가장 큰 영향을 미친, 중요한 타인은 누구입니까?
   · 중요한 타인:
   · 중요한 타인 만남 계기:
   · 중요한 타인에 나의 자아상(Self-Image)에 미친 내용은?
     – 긍정적인 내용:
     – 부정적인 내용:

2. 내가 본 나의 자아상(Self-Image)
   · 나는 _____ 다.
   · 우리 회사에서 현장 리더는 _____ 다.
   1)
   2)
   3)
   · 이런 자아상을 가진 이유는?

3. 건강한 자아상을 가로막는 장애물은 무엇이라고 생각합니까?

4. 어떠한 현장 리더가 되고 싶습니까?

Part 2

건강한 자아상 정립을 위한, 현장 리더 역할 따라잡기

⊙ 킹핀에 대해 들어 본 적이 있습니까?
⊙ 현장 리더 역할 킹핀
⊙ 현장 리더 역할 킹핀 장애물

⊙ 킹핀에 대해 들어 본 적이 있습니까?

킹핀은 볼링에서 사용하는 용어다. 잠시 볼링장에 왔다고 생각하고 생각해 보기 바란다.

'볼링에서 스트라이크를 하려면 몇 번 공을 치면 될까요?' 이렇게 질문을 하면 많은 사람들이 눈에 보이는 1번 핀 즉, 헤드핀(Head Pin)이라고 대답한다.

1번 핀만 쓰러뜨리면 뒤에 있는 핀들도 연쇄적으로 쓰러질 것이라 생각한다. 하지만 막상 해 보면 1번 핀이 쓰러졌는데도 스트라이크가 되지 않는 경우가 많다. 볼링 핀들이 앞의 핀이 쓰러지는 영향에서 살짝 벗어나게 서 있는 탓이다. 볼링 고수들을 보면 1번 핀을 노리지 않는다. 그들이 노리는 핀은 놀랍게도 세 번째 줄 가운데에 숨어 있는 5번이다. 5번 핀만 쓰러뜨리면 주변 공에 가장 큰 연계 효과를 낼 수 있다고 한다. 한마디로 스트라이크가 되는 것이다. 그래서 숨어 있는 핵심 5번 핀을 볼링에서는 킹핀이라고 부른다.

킹핀(King Pin)은 볼링공에서 스트라이크를 치기 위하여 숨어 있는 5번 핀을 말한다. 이것을 경영학적으로 해석하면, 가장 중요한 본질과 핵심을 의미한다. 즉 킹핀은 변화와 성장을 위한 가장 중요한 본질을 의미한다.

킹핀(King-Pin)이란?

1. 볼링에서 스트라이크를 치기 위하여 숨어 있는 5번 핀
2. 가장 중요한 본질과 핵심
3. 문제 해결과 변화의 도화선

1. 쌀딩크 박항서 감독과 킹핀

베트남은 축구 감독으로 성공하기 쉬운 나라가 아니다. 월드컵엔 단 한 차례도 출전한 적이 없지만, 축구 열기는 세계 어느 나라와 비교해도 부족함이 없다. 특히나 대표 팀에 관한 관심은 상상을 초월한다.

조금이라도 부진하면 언론과 팬이 가만있지 않는다. 박 감독이 지휘봉을 잡기 이전 베트남 축구 대표 팀 지도자의 평균 재임 기간은 겨우 '8개월'이었다. 박 감독은 '지도자의 무덤'으로 불리는 베트남에서 지휘봉을 놓지 않고 있다. 정확하게 말하면, 오히려 베트남 축구 협회에서 박항서 감독이 그만둘까를 걱정하고 있다고 봐야 한다. 유례가 없는 일이다.

박항서 감독의 성공 비결은 무엇일까? 그것은 킹핀(King Pin)을 제대로 찾아내었기 때문이다. 처음 부임했을 때 베트남 축구 협회의 요청은 베트남 선수들은 체력이 약하니 체력 보강을 우선적으로 해 달라는 것이었다. 그래서 그는 데이터를 요구했는데 데이터가 없었다고 한다. 체력 분석을 해 보니 체력은 문제가 없었다. 체격과 체력을 동일시했기 때문이다.

하지만 진짜 문제는 전술적 이해 능력과 원 팀(One-Team)의 문화 부재였다. 자기가 주전으로 뛰지 않으면 경기에 관심을 가지지 않았고 개인행동을 많이 했다. 박항서 감독이 찾은 변화 킹핀은 '팀 전술 이해를 통한, 팀 경쟁력 강화와 One-Team 정신'이었다. '선 수비 후 역습이라는 명확한 팀 전술과 베트남 정신을 바탕으로 한 원 팀 정신의 핵심은 바로 킹핀이었다.

강도 높은 훈련을 하자, 자신들은 이런 강도 높은 훈련을 받은 적이 없으니 훈련 강도를 낮추어 달라고 말했다. 선수 한 명을 일어나게 한 후 '너희들이 입고 먹고 마시는 모든 것은 베트남 국민들의 세금이다. 베트남 국민에게 부끄럽지 않은 대표 선수가 되기 바란다.' 이 한마디 말로 선수들의 불평을 잠재우고 자신들의 사명을 자각하게 만들었다.

팀 전술과 팀 정신 공유가 첫 번째 킹핀이었다면, 두 번째 킹핀(King Pin)은 친근한 리더십이었다. 그 이전의 감독과 다르게 선수에게 먼저 다가와 손을 내밀고 개개인을 세심히 챙기는 인간적 리더십이 두 번째 킹핀이었다.

베트남 축구 경기 장면 중에서 가장 인상적인 경기는 2018년 AFC U-23 폭설 혈투 결승전이었다. 계속 연장전을 통해 올라와 체력이 방전되었고, 눈이 오는 경기를 처음 해 보았을 것인데 포기하지 않는 원 팀 정신을 보고 감동을 느꼈다.

더 감동적인 것은 경기 후 고개를 숙이고 있는 베트남 선수에게 박항서 감독이 한 말이었다. '고개 숙이지 마라. 당당히 고개를 들어라. 우린 최선을 다했다. 우린 베트남의 자부심이다. 다음에 우승하면 된다.'

이러한 인간적 리더십이 선수들의 마음을 훔쳤고, 마음과 마음이 통한 베트남 축구 대표 팀은, 팀으로 싸우고 팀으로 투쟁하고 팀으로 이겨 내었다. 모든 분야가 마찬가지겠지만 스포츠 세계에서는 변화의 킹핀(King Pin)을 찾아내는 것이 성공과 개혁으로 가는 핵심 지름길임을 박항서 감독은 우리에게 말하고 있다.

스포츠 경기에서는 질 수도 있고, 이길 수도 있다. 앞으로 베트남 축구가 어떠한 행보를 걸을지 아무도 모른다. 다만 확실한 것은 박항서 감독은 변화 킹핀을 찾아내어 시련이 다가오면 전진하고 도전할 것이라는 점이다.

2. 인생 킹핀(King Pin)

인생 킹핀이란 우리네 삶, 인생에서 가장 소중하고 중요한 본질이 무엇인가 하는 것이다. 지금 여러분 인생에서 가장 소중하고 중요한 의미 있는 킹핀(King Pin)은 무엇입니까?

어느 현장 리더(Leader)에게 인생 킹핀을 질문하니 이런 대답이 돌아왔다.
"내 인생의 킹핀은 돈입니다. 뭐니 뭐니 해도 돈이지요?"
나는 이유를 물어보았다. 왜 인생의 킹핀이 돈인지 말이다.
"사람의 생명 줄이 두 개가 있다. 하나는 탯줄이고 또 다른 하나는 돈줄이다. 그런데 어느 날 가만히 생각해 보니, 탯줄이 끊기는 순간 내 인생은 〈돈줄〉하고 연결이 되더라. 사는 게 전부 다 돈이더라. 이런 이유 때문에 1초의 주저함 없이 돈을 인생의 킹핀으로 생각하고 있다"고 답했다.
이유를 들어 보니 상당히 공감되는 말이었다. 또 어떤 분은 인생의 킹핀을 건강으로, 또 어떤 분은 화목이나 명예로 생각할 수 있다. 따라서 자신이 처한 환경과 가치관에 따라 킹핀은 달라질 수 있다고 생각한다.

만약 누군가가 나에게 인생의 킹핀(King Pin)이 무엇이냐고 질문해 온다면 나는 '재미'라고 말하고 싶다. 삶에서 재미가 있으면 시간이 빨리 간다. 삶에서 재미가 있으면 기다려진다. 또, 사람과의 만남이 기다려지고, 고객과의 미팅이 기다려지고, 내일이 기다려진다. 심지어 월요일 출근도 기다려진다. 삶에서 재미가 있으면 '감탄사'가 자주 나온다. '아 하늘이 너무 파랗다. 아, 바람이 너무 시원하네.' 원래 하늘은 파랗고 바람은 시원하다. 그런데 일상이 재미있으니까 당연한 것에서 자신도 모르게 감탄사가 나오는 것이다. 인간은 감탄을 할 때 내적으로 충만한 행복감을 느낀다.

반대로 생각해 보자. 삶에서 재미가 없으면, 하루가 너무 지루하다. 하루를 보내는 게 힘들다. 삶에서 재미가 없으면, 기다려지는 것이 아니라, 가기가 싫다. 아예 만나기가 싫다. 일과 사람에서 의미를 찾지 못한다. 그리고 삶에서 재미가 사라지면 감탄도 사라진다. 감탄의 자리에 한탄이 찾아온다. 신세 한탄, 신세타령이 시작된다. 현장 리더의 역할 수행이 재미있습니까?라고 물어보면, '그냥 아무 생각 없이 합니다. 마지못해 하지요?' 이런 대답이 많이 나오지, '정말로 재미있습니다'라는 대답은 잘 나오지 않는다.

리더(Leader)의 자리는 원래 욕을 얻어먹는 자리다. 리더의 자리는 결단하고 책임을 지는 자리다. 그래서 재미를 찾기가 쉽지는 않다. 현장 리더(Leader)의 자리에서 작고 소소한 재미와 의미를 찾기 위해서는, 모든 사람에게 칭찬을 받거나 모두를 만족시킨다는 생각을 버려야 한다. 그래야 부담감이 줄어들고, 부담감이 줄어들어야 결국 재미가 찾아올 공간이 생긴다. 직급이 높아지고 나이가 들수록 배움의 재미를 찾아야 한다. 배움은 정신적으로 자극을 주고 성장을 시켜 주고 나중에는 내적으로 우리들을 감탄시킨다.

킹핀(King)의 개념에 대해 몇 가지 사례를 통하여 살펴보았다. 이제부터는 이러한 개념 통일을 전제로 하여, 현장 리더의 역할 킹핀에 대해 살펴보도록 하자.

⦿ 현장 리더 역할 킹핀

킹핀(King Pin)에 대해 개념을 통일했다. 독자 여러분과 공동의 언어가 만들어졌으니 이런 개념을 바탕으로 현장 리더 역할 킹핀(King Pin)에 대해 알아보고자 한다.

현장 리더 역할 킹핀이란, 현장 리더가 수행해야 할 역할 중에서 가장 중요한 본질과 핵심적인 역할이 무엇이냐는 것이다. 교육이나 코칭 장면에서 현장 리더를 만나면 킹핀(King Pin) 개념과 사례를 설명해 주고 현장 리더 킹핀(King Pin)에 대해 세 가지 질문을 한다.

현장 리더 역할 킹핀 질문 세 가지

1. 여러분이 생각하는 현장 리더 역할 킹핀(King Pin)은 무엇이라고 생각합니까?
2. 역할 킹핀(King Pin)을 가로막는 가장 큰 장애물은 무엇입니까?
3. 주어진 역할 킹핀 수행을 위하여 요구되는 행동은 무엇이라고 생각합니까?

여러분도 이 질문에 답해 보기 바란다.

많은 역할 중에 본질적인 역할(Role)은 무엇입니까? 무엇이 이러한 역할 수행을 가로막습니까? 또 제대로 역할 수행을 하기 위해서는 무엇이 필요하다고 생각합니까?

현장 리더 역할 킹핀 1번 질문에 압도적으로 나온 답은 다름 아닌 〈솔선수범〉이다. 농담으로 '솔선수범' 말고 다른 것을 이야기해 보라고 하면, 입가에 작은 미소를 짓곤 한다. 이렇게 대답을 하는 첫 번째 이유는 솔선수범이란 단어는 익숙할뿐더러 많이 들어 왔고, 무난한 개념이기 때문이다. 두 번째는 역할 킹핀에 대한 생각을 깊게 하지 않았기 때문이다.

일선 현장 리더들이 말하는 역할 킹핀(King Pin)

1위: 솔선수범
2위: 성실
3위: 책임감
4위: 신뢰 함양

건강한 자아상(Self-Image)을 정립하고, 리더십 함양을 위해서는 먼저 현장 리더 역할에 대해 보다 분명한 개념 설정이 필요하다. 솔선수범, 성실, 책임감, 신뢰 증진 등은 현장 리더로서 리더십 발휘를 위한 하나의 중요한 지표이자 덕목이지 킹핀(King Pin)은 될 수 없다.

그러면, 현장 리더 역할 킹핀(King Pin)은 무엇일까?
현장 리더 역할 킹핀은 '영향력 발휘를 통한 지속적인 조직 변화'이다. 나를 현장 리더로 임명한 가장 큰 이유가 다름 아닌 구성원에게 긍정적인 영향력 발휘를 통하여 건강한 조직으로 변화하고 성과를 창출하는 것임을 잊지 말자.

1. 궁극적 이미지: 신뢰와 존경의 대상이 되는 현장 리더
2. 역할 킹핀: 영향력 발휘+조직 변화 주도
3. 실천 모델: 3K

Know & Develop Yourself	Know & Support Your People	Know & Innovate Your Team
스스로 변화와 혁실을 추진하는 리더	사람의 마음을 이해하고 움직일 줄 아는 리더	주도적으로 혁신을 추진하는 리더

현장 리더 역할 킹핀

긍정적인 영향력 발휘를 통하여 지속적으로 조직 변화를 주도하는 것이 현장 리더의 역할 킹핀이다. 이러한 역할 킹핀을 실천하게 되면 궁극적으로 얻게 되는 이미지(Image)가 '신뢰와 존경의 대상이 되는 리더'이다. 신뢰(Trust)란 역시 '-답다'라는 의미다. 리더다운 생각, 리더다운 태도, 리더다운 행동으로 믿음이 간다는 의미다. '존경'은 '되고 싶다'라는 의미를 내포하고 있다.

'구성원으로부터 나중에 저런 현장 리더(Leader)처럼 되고 싶다'라는 생각이 들게끔 하는 것이 존경이다. 영향력의 원을 점점 더 크게 확대하고, 지속적으로 조직을 변화시키면 회사로부터는 신뢰의 대상이 되고, 구성원으로부터는 존경의 대상이 되는 리더가 된다.

이러한 영향력을 발휘하는 현장 리더가 되기 위해서는 3개의 k를 가다듬어야 한다. 그 첫 번째 k는 'know & Develop yourself(스스로

변화와 혁신을 추진하는 리더)'이다. 두 번째 k는 'Know & Support Your People(구성원의 마음을 이해하고 움직일 줄 아는 리더)'이고 세 번째 k는 'Know & Innovate Your Team(팀의 현황을 알고 나아갈 방향을 제시하는 혁신적 리더)'이다.

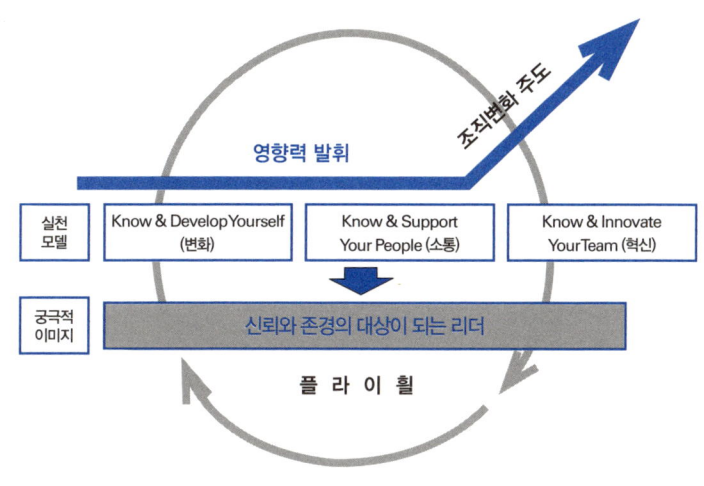

현장 리더 역할 킹핀 이미지

스스로 변화와 혁신을 추진하는 리더(know & Develop yourself)가 되기 위해서는 자신에게 질문을 던지고 스스로 답을 찾아가는 셀프 코칭(Self-Coaching) 여행을 주기적으로 떠나야 한다. 자기 성찰의 여행이 건강한 자아상(Self-Image)을 만들어 줄 것이다.

구성원의 마음을 이해하고 움직일 줄 아는 리더(Know & Support Your People)가 되기 위해서는 관계 코칭을 할 줄 알아야 한다. 참 어려운 것이 사람과의 관계 형성이다.

매일 만나는 직장 동료, 구성원 상호 간의 관계 코칭에서, 관계 맺기보다 더 중요한 것은 '관계 풀기'라고 생각한다. 매일 보는 사이는 한번 꼬이면 풀기가 더 어려운 법이다.

마지막으로 팀의 현황을 알고 나아갈 방향을 제시하는 혁신 리더(Know & Innovate your Team)가 되기 위해서는 영향력을 발휘해야 한다. 결국 현장 리더의 궁극적 지향점은 성과다. 리더는 숫자로 말한다. 작년 대비 품질 지표, 품질 통계의 숫자가 더 향상되었다면 리더로서 변화를 이끌어 낸 것이다. 성실은 기본이고 리더는 마지막에 숫자로 평가받는다.

여러분의 수첩에 적힌 각종 지표, 숫자를 한번 봐라. 숫자의 변화가 긍정적인가, 부정적인가? 숫자 변화를 위해 무엇을 해야 한다고 생각하는가?

지금까지 현장 리더 역할 킹핀(King-Pin)과 역할 킹핀 실천을 위한, 실천 모델인 3k에 대해 살펴보았다. 역할을 분명하게 인식하는 것이 변화의 시작이다. 영향력 발휘와 조직 변화 주도에 주파수를 맞추고 행동하는 리더가 되어야 한다.

⦿ 현장 리더 역할 킹핀 장애물

　영향력 발휘를 통하여 조직을 지속적으로 변화시켜, 신뢰와 존경의 대상이 되는 현장 리더, 얼마나 멋진가? 신뢰와 존경의 대상이 되는 리더, 이는 모든 리더들이 열망하고 추구하는 모습이다. 다들 이런 멋진 리더가 되고 싶지만 이런저런 이유로 인하여 시간의 경과와 더불어 다른 모습으로 변해 간다. 그러면 역할 킹핀(King Pin)을 가로막는 장애물은 도대체 무엇일까? 여러 가지가 있겠지만, 경험적 지식을 바탕으로 세 가지를 제시하고자 한다.

현장 리더 역할 킹핀 장애물

1. 경직된 조직 문화, 강압적 조직 문화
2. 지속성 결여
3. 학습된 무력감

1. 경직된 조직 문화, 강압적 조직 문화

　경직된 조직 문화 또는 강압적 조직 문화의 대표적인 사례가 방울뱀 사건이다. 방울뱀 사건에 대해 들어 본 적이 있는가? 방울뱀 사건은 어느 회사의 경직되고 강압적인 조직 문화를 비유적으로 빗대어서 표현한 것이다. 그 내용은 이러하다.

　회사 본사 정문 앞에 방울 뱀 한 마리가 들어왔다. 정상적인 조직이라면 위험하니까 즉시 출동하여 죽여 버린다. 그러나 이 회사의 처리 방식은 달랐다. 방울뱀이 나타나자 사람들은, 업무 분장표를 먼저 찾는다. 이 일은 어느 부서가 처리하는 것이 맞는지 판단한 후 주관 부서 팀(Team)에 전화를 한다. '방울뱀이 나타났다. 즉시 출동하라. 도대체 무엇을 하느냐.' 뱀이 출현한지도 모르냐며 답답하다는 식으로 전화를 한다.

　그러면 누가 현장에 출장하는가? 그 출동자는 관련 팀에 근무하는 말단 사원이 현장에 출동하게 된다. 고참은 전부 말로만 일을 하고 현장에 출동하는 것은 힘없는 막내의 몫이다. 이전부터 해 오던 관행이라 막내도 불만 없이 현장으로 출동한다. 그런데 이 출동 사원의 행동이 조금 이상하다. 즉시 뱀을 죽이든 다른 곳으로 가게 하든 처리를 해야 되는데, 사진기를 가지고 와서 방울뱀 사진을 열심히 찍고 모양을 유심히 관찰한다.

그런 다음 자신의 책상에 앉아 상사에게 보고할 자료를 작성한다. 그 보고서의 제목은 '방울뱀 침투의 건'이다. 아주 구체적이고 정성스럽게 작성하고 보고서에 사진도 첨부한다. 그러곤 담당 관리자에게 보고를 한다. 보고를 받은 관리자는 권위적으로 담당 직원에게 질문을 하고 보완을 지시한다. 예컨대 이런 식이다. '방울뱀이 왜 침투했는지, 방울뱀의 특성, 방울뱀의 종류, 그것이 북미산인지 캐나다산인지, 멕시코산인지 파악해 보라. 보고서가 일목요연하지 못하다. 좀 더 간결하게 만들어라. 왜 이렇게 보고서를 제대로 작성하지 못하느냐?' 등의 말과 함께 지적과 핀잔이 떨어진다.

보고서를 작성한 사원은 속으로 생각한다. '아니 뱀 한 마리 가지고 뭐 저렇게 호들갑이야. 매번 저렇게 잔소리야. 정말 지겨워 못해 먹겠네….' 하지만 상사의 지시니 내키지는 않지만 어쩔 수 없이 보고서를 새롭게 수정한다. 상위자의 요구 사항을 반영한 보고서가 작성되고, 상위자에게 힘들게 결재를 득한다. 그리고 다음 단계 상위자에게 보고서를 제출한다. 그러면 상위자는 한마디 한다. "아니 도대체 이걸 보고서라고 작성해? 보고서의 생명은 Impact야. Impact!"

방울뱀을 방치하게 되면 어떠한 일이 발생하는지를 분석하여 조금 더 생동감 있고 대안이 분명한 보고서를 만들라고 한다. 그러면 사원은 수정 사항을 담은 보고서를 아주 보기 좋고 그럴듯하게 작성한다. 이렇게 복잡한 결재 라인을 거쳐 마침내 최종 결정권자인 회장에게 한 달 후 최종 보고가 된다.

최종 결정권자인 회장의 코멘트(지시 사항)가 떨어진다. 그 지시 사항의 핵심은 '즉시 방울뱀을 죽일 것'이다. 그러면 아주 빠른 속도로 지시가 하부로 전달된다. '죽여라 → 죽여라 → 빨리 죽여라 → 즉시 죽여라' 이런 식으로 전달이 된다. 물론 각 단계보다 감정적 코멘트가 포함된다. 이 말의 뜻은 군대를 갔다 온 사람이라면 충분히 이해가 될 것이다. 사단장이 가볍게 군기가 좀 빠진 것 같다고 한마디 하면 하부로 전개되면서 감정적 코멘트가 붙어 전달이 된다. 중대장, 소대장쯤 내려오면 '요즘 나사가 빠져서 완전 당나라 군대야. 군대가 장난이야? 앞으로 각오해. 앞으로 일주일간 완전군장 하여 행군 훈련을 한다. 군대가 무엇인지 한번 보여주겠어' 이런 식으로 지시 사항이 과장되고 조금씩 살이 붙어 내려온다.

방울뱀을 사살하라는 지시 사항 수행을 위하여, 다시 말단 사원이 일차적으로 현장에 출동한다. 그런데 현장에 가 보니 놀라운 광경이 눈앞에 펼쳐진다.

방울뱀이 새끼를 낳아 사방 천지가 온통 방울뱀투성이가 된 것이다. 몇 마리인지 알 수 없을 정도로 온 주변이 전부 방울뱀이다. 상황이 이렇게 되자 말단 사원은 즉시 보고서를 작성한다. 그러면 이번 보고서의 제목은 '방울뱀 번식의 건'이 된다. 그러면 직속 상사의 날카로운 지적이 일어난다. '지난번에 방울뱀을 제대로 살핀 것 맞냐? 방울뱀 임신을 왜 제대로 보지 못했느냐? 눈은 뜨고 다니느냐?' 이런 식의 지적이 한참 동안 일어난다.

한바탕 소동이 일어난 후, 결재권자의 입맛에 맞는 내용이 추가되어 최종 결재권자에게 보고서가 전달이 된다. 최종 결재권자가 한마디 멘트를 한다. '방울뱀 전문가를 초빙하여 방울뱀 퇴치 T.F.T' 활동을 전개하라는 지시가 하부로 이어진다. 물론 이 방울뱀 사건은 실화가 아니다. 권위적이고 강압적인 회사의 조직 문화를 빗대어 풍자하는 내용이다.

영향력 발휘와 조직 변화를 방해하는 대표적 장애물이 조직 문화와 조직 분위기다. 사람은 상황과 분위기에 지배를 받는다. 지성인도 예비군 군복을 입으면 개가 된다는 말이 있지 않은가?

스스로 변화와 혁신을 하여 영향력을 발휘하는 리더가 되고 싶지만, 조직의 분위기가 토론과 의견을 나누기보다는 상명하복 즉, '토 달지 말고 즉시 하시오', '옛날부터 이렇게 해 왔어. 그냥 시키는 대로 해'라는 식의 기조가 흐르면 주도성은 날개를 펼칠 수가 없다. 이런 조직에서 괜히 나서서 시도했다가 실패하면 공공의 적이 되고, 조직에서 매장되기 때문에 그냥 대세를 따라간다. 좋은 게 좋은 거라고 되뇌면서 말이다. 개인이 이러한 조직 분위기를 깨고 변화를 주도하고, 영향력을 발휘하기는 참으로 어렵다. 왜냐하면 사람은 환경과 분위기에 지배당하기 때문이다.

2. 지속성의 결여, 열정을 믿지 마라

열정을 믿지 마라… 특히 신임 현장 리더에게 이렇게 이야기하면 눈이 동그래진다. 아니 열정을 믿지 말고 높은 열정을 가지지 말라니. 도대체 저 강사의 의도가 무엇인지 궁금하다는 식의 반응을 보인다.

'열정(Passion)' 참으로 좋은 단어다. 뜨거운 가슴을 가지는 것은 얼마나 멋진 일인가? 그런데 이 좋은 '열정'의 최대 단점은 금방 식을 수 있다는 것이다. 처음 신임 현장 리더가 되면, 열정이 정말 대단하다. 눈동자에서 그 열정과 의욕을 느낄 수 있다. 갑자기 사람이 부지런해지고, 동작도, 말도 빨라진다. 열정이 그렇게 만들었다. 하지만 오래가지 못한다. 높은 열정을 가진 사람은 이런저런 실패와 좌절을 몇 번 겪으면 열정의 불꽃이 금방 꺼져 버린다.

그러면 어떻게 해야 할까? 어떻게 하면 좋을까?
처음부터 현장 리더 역할을 잘하려는 마음과 열정을 버려야 한다. 여러분의 연애 경험을 한번 되돌아보라. 어떠한 사람이 가장 매력적인가?

가장 매력적인 사람은 처음에도 좋았고, 시간이 지나도 계속 좋은 느낌을 주는 사람이다.

두 번째로 좋은 사람은, 처음에는 별로였는데, 시간이 가면 갈수록 좋아지는 사람이다. 우리는 이런 사람을 일컬어 '볼매(볼수록 매력 있는 사람)'라고 한다.

'볼매' 하니 어느 회사의 출강이 생각이 난다. 변화 관리 강의를 하였는데, 교육 참석한 한 명의 현장 리더가 나에 대한 첫인상을 아주 부정적으로 보았다. 그의 눈에 비친 나의 첫인상은 상당히 날카로워 보였고, 강의를 지루하게 하는 재미없는 강사였던 모양이었다. 그런데 한두 시간 강의 시간이 지나가니 그 현장 리더가 나에게 다가와, 이런 말을 하였다.

"강사님은 이야기하기 전후가 완전히 다른 사람입니다. 입을 열면 강의가 너무 재미있고, 강의 내용이 머리에 속속 들어옵니다. 시간 가는 줄 모르겠습니다. 강사님은 완전 볼매입니다. 그리고 완전 갈매(갈수록 매력 있는 사람)입니다."

이처럼 시간이 가면 갈수록 좋은 이미지와 느낌을 줄 때 더욱더 공감하고 큰 영향력을 미치는 것이다.

세 번째는, 처음에는 좋았는데 시간이 가면 갈수록 느낌이나 이미지가 점점 더 부정적으로 변해 시간의 경과와 더불어 안 좋아지는 경우다. 안타깝지만 많은 현장 리더들이 여기에 해당된다.

연애 시절, 가장 최악의 경우는 처음에도 안 좋았고, 시간이 가면 갈수록 더 안 좋아지는 경우다. 이는 설상가상의 경우다. 만약 현장 리더(Leader)가 이러한 유형에 해당되면 현장 리더임에도 불행하고 구성원까지 힘들고 재미가 없게 된다.

열정을 가지지 말라는 이야기가 아니다. 여기에서 지금 하고자 하는 메시지의 핵심(Key-Point)은 두 가지다. 영향력을 발휘하는 리더가 되기 위해서는 이 두 가지를 생각하자.

1. 영향력을 발휘하기 위해서는 열정을 기술로 변환시켜야 한다. 열정은 지속하기 어렵다. 그래서 현장 리더는 열정, 그 자리에 사람 관리 기술, 조직 관리 기술을 배우고 기술로 전환시켜야만 한다.

2. 현장 리더를 처음부터 잘하려고 하지 마라. 현장 리더는 단거리 경주가 아닌 장거리 경주다. 자신의 스타일대로 자연스럽게 천천히 한 걸음씩 전진하자. 급가속이 사고를 부르는 법이다.

3. 학습된 무력감(Learned Helplessness)

학습된 무력감이란, 과거의 실패 경험과 그 실패로 인한 주변의 안 좋은 시선, 평가 그리고 냉소적인 말 등으로 인하여, 미리 안 된다고 답을 내려놓고 포기하는 마음 상태를 말한다. 쉽게 말해서 어떤 일에 대해 실수와 패배를 반복할 경우, 비슷한 상황에 놓이게 될 때 시도해 보기도 전에 이미 못할 것이라고 단정하고 포기하는 것이다.

학습된 무력감의 대표적인 예는, 새끼 때 발이 밧줄에 묶여 행동반경이 제한된 코끼리는 커서도 작은 밧줄에 무기력해진다. 마음만 먹으면 작은 밧줄 하나 정도는 아주 쉽게 끊어 버릴 수 있지만, 코끼리의 마음속에 자리 잡은 밧줄은 절대로 끊어지지 않는 강력한 줄인 셈이다.

용기, 의지, 소신 부족으로 인하여, 과거의 사슬에서 벗어나지 못하는 학습된 무력감을 방치하게 되면 아래와 같은 현상이 발생한다.

열정과 감동이 사라진다.
주도적인 사람이나 나서는 사람이 사라지고, 눈치를 보거나 흉내를 내거나 마지못해 하는 분위기가 연출된다.
그리고 이 학습된 무력감은 전염성이 아주 강해, 조직 전체에 되는 이유보다 안 되는 이유를 찾게 만든다.

학습된 무력감과 기저 반응

기저 반응이란, 극심한 스트레스와 실망감 또는 절망감을 느낄 때 하는 행동이다. 예상치 못한 상황에서, 본인의 뜻대로 일이 이루어지지 않을 때 본인의 생각과 마음을 보호하기 위해 행하는 일련의 반응이다.

어린아이의 기저 반응을 살펴보자. 원하는 것을 사 달라고 했을 때 부모가 강력하게 거절하면 어떻게 반응하는가? 첫 번째 반응은 큰 소리로 우는 것이다. 우리는 흔히 이런 경우를 일컬어 '생떼 부린다'라고 표현한다. 두 번째 반응은 울면서 뒤로 눕는 것이다.

학습된 무력감에 빠져들게 되면, 안타깝지만 현장 리더들도 성인 아이가 되고, 기저 반응을 보이게 된다. 대표적인 기저 반응이 '합리화'이다. 예를 들면, '내가 이렇게 현장 리더 역할을 대충하는 것은, 다 환경 탓이다. 처음에 얼마나 열심히 하려고 했는가? 또 얼마나 열심히 했는가? 그런데 다 소용없더라. 열심히 하면 할수록 돌아오는 것은 비난이나 지적뿐이고 차라리 가만히 있는 게 정신 건강에 좋더라.'

학습된 무력감에 빠진 현장 리더가 두 번째로 보이는 기저 반응은 분노하기이다. 억압된 감정이 한꺼번에 표출된 경우다. 현장 리더 강의 시에 아주 가끔 이런 분노의 감정을 가진 현장 리더를 만난다. 교육에 전혀 관심이 없다. 자거나 팔짱을 끼고 눈을 감고 있다. 8시간 내내 이런 행동의 모습을 보인다. 자신의 마음을 알아주는 사람이 없고, 지지나 수용해 주는 사람이 없다고 느끼는 현장 리더가 보여 주는 전형적인 모습이기도 하다. 자신의 감정과 마음을 관리하지 못하니, 구성원을 관리하거나 영향력 발휘를 할 수 없고 또 기대하기도 어렵다.

세 번째 학습된 무력감에 빠진 리더가 보여 주는 기저 반응은 침묵하기, 회피하기다. 구성원이 잘못된 행동이나 태도를 보여도 바로잡기보다는 회피하거나 침묵한다. 처음에는 영향력을 발휘하여 변화시키고자 노력했지만, 그런 과정 속에서 구성원과 감정적으로 갈등하고 냉소적인 반응에 상처받고 하니 심적으로 지쳐서 이런 기저 반응을 보이는 것이다. 이는 될 대로 되라는 식이다. 싸우기도 싫고, 감정적으로 갈등하기는 더욱 싫고, 좋은 게 좋은 것이다. 내가 나서도 무엇이 달라지겠냐는 식이다. 이처럼 학습된 무력감은 리더의 마음과 행동을 얼어붙게 만들어 구성원에게 영향력 발휘를 하지 못하게 만들어 버리고, 심한 경우에는 '현장 리더 니가 해라. 정말 하기 싫다'는 마음이 들게 되고 결국 냉소적으로 만들어 버린다.

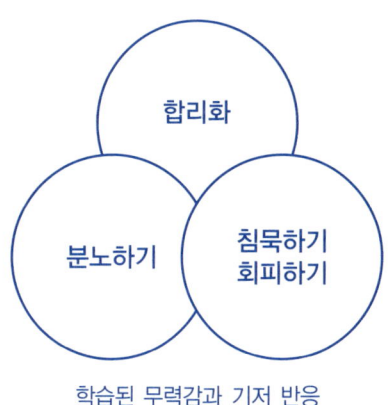

학습된 무력감과 기저 반응

[자기 성찰을 위한 질문]

1. 킹핀(King Pin)에 대하여 들어 본 적이 있습니까?
   킹핀(King Pin)의 개념을 현장 동료, 현장 리더, 현장 사원에게 설명해 보시기 바랍니다.

   킹핀(King Pin)은 _____ 다.

2. 다음은 현장 리더의 역할 킹핀(King Pin) 체계도입니다. 다른 사람에게 설명하거나 가르치면 나의 것이 된다는 말이 있습니다. 아래 자료를 보고 다른 사람에게 설명해 보시기 바랍니다.

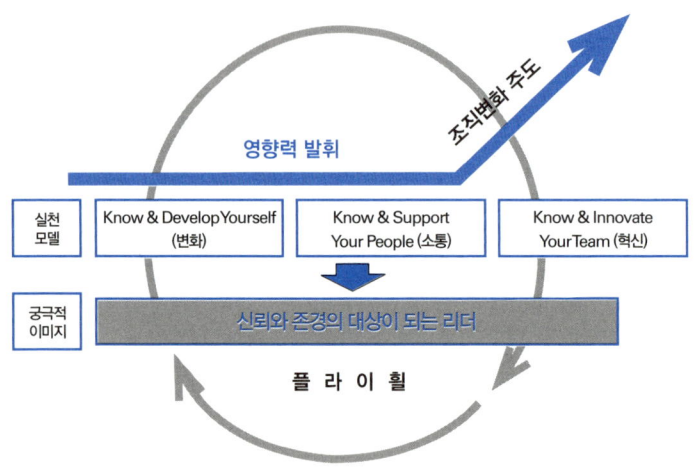

3. 역할 킹핀(King Pin)을 가로막는 회사 장애물에 대하여 정리해 보시기 바랍니다.

Part 3

영향력을 발휘하는 리더의 첫걸음, 셀프 코칭 (Self-Coaching)

- ⊙ 셀프 코칭 1: 어떤 리더로 기억되고 싶습니까?
- ⊙ 셀프 코칭 2: 여러분은 함께 밥을 먹고 싶은 리더입니까?
- ⊙ 셀프 코칭 3: 여러분은 전문가입니까? 숙달자입니까?
- ⊙ 셀프 코칭 4: 역경이나 고난 시 당신은 어디에 있습니까?
- ⊙ 셀프 코칭 5: 여러분은 정성을 다하는 리더입니까?

셀프 코칭이란, 자신에게 질문을 던지고 답을 찾아가는 자기 변화 여행이다. 그 여행의 목적은 '스스로 변화와 혁신을 추진하는 리더'가 되는 것이다. 영향력 발휘를 통해 조직 변화를 주도하는 현장 리더가 되기 위한, 셀프 코칭 여행을 함께 떠나 보자.

처음 직장 생활을 할 때나 새로운 보직, 직책을 맡게 되면, 사명감 및 책임감으로 무장하고, 분명한 목적의식과 목표를 가지고 생활한다. 그러다가 시간이 지나고 하는 일에 의욕과 감동이 사라지면, 감각이 무뎌지고 무엇을 봐도 당연하게 보인다. 같은 공간, 같은 장소, 매일 만나는 사람들, 매일 하던 일은 일상의 반복이 되어 습관적으로 아무 생각 없이 하게 되는 것이다.

이때 필요한 것은, 자신에게 질문을 던지고 스스로 답을 찾아보고 생각하는 것이다. 현장 리더로서 새로운 변화와 성장을 위해서는 자기와의 여행을 떠나야만 한다. 지금부터 영향력 발휘를 통해 주도적으로 조직을 변화시키는 현장 리더가 되기 위해서는 먼저 셀프 코칭 차원에서 몇 가지 질문에 답을 찾고 생각을 정리해 볼 필요가 있다.

스스로 변화하고 영향력을 발휘하는 리더가 되기 위한, 몇 가지 질문들

1. 어떤 리더로 기억되고 싶습니까?
2. 여러분은 함께 밥을 먹고 싶은 리더(Leader)입니까?
3. 당신은 전문가입니까? 숙달자입니까?
4. 역경과 고난이 닥쳐왔을 때 여러분은 가장 앞에 있습니까? 어디에 있습니까?
5. 작은 일에 정성을 다하는 리더입니까?

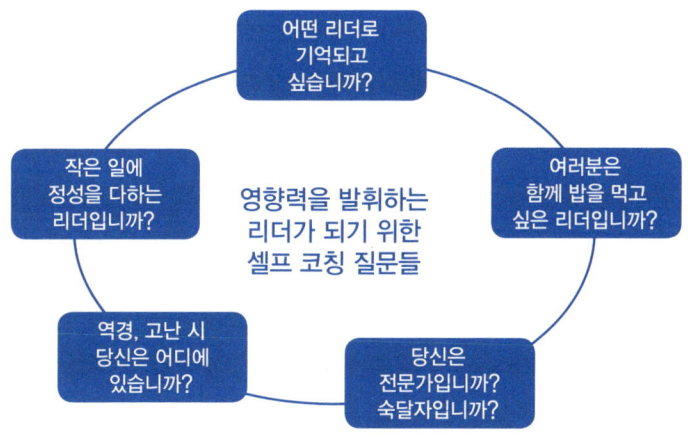

'Part 3 셀프 코칭'에서는 5가지 질문에 대해 생각해 보고 답을 찾아 볼 수 있는 시간을 마련하고자 한다.

'어떤 리더로 기억되고 싶습니까?' 이 질문을 통하여 영향력을 발휘하는 리더가 되기 위한 변화 목표와 방향성에 대해 생각해 본다. '함께 밥을 먹고 싶은 리더입니까?' 이 질문에서 리더로서 품성의 현 좌표에 대해 생각해 보고자 한다. 그리고 실력, 용기, 정성에 대하여 자기 성찰과 변화의 시간을 탐색하고자 한다.

자기 자신에게 질문을 던지고 답을 찾아가는 셀프 여행을 지금부터 시작하자.

⦿ 셀프 코칭 1:
   어떤 리더로 기억되고 싶습니까?

살다 보면 재미와 의미를 잃어버릴 때가 있다. 무엇을 해도 활기를 찾기 어렵고 매사가 귀찮을 때다. 주로 일상이 반복될 때 생기는데 이것을 권태기라 한다. 권태기는 크게 3가지가 있다. '일상의 권태, 관계의 권태, 실존의 권태'다.

일상의 권태는 생활이나 일이 반복되어 따분하게 느끼는 권태다. 관계 권태는 애인, 배우자, 직장 동료나 지인 등 사람과의 만남 속에서 의미를 찾지 못하여 생기는 것이다. '만나 봐야 뭐하겠어? 돈 낭비, 시간 낭비인데, 귀찮다. 그냥 혼자 보내자, 혼자가 편해.' 이처럼 만남 속에서 의미를 찾지 못하는 관계 권태는 관계의 단절을 초래한다.

실존 권태는 자신의 존재 가치와 역할 가치에 대해 의미를 느끼지 못하는 권태로서 가장 치명적이다. 방치하게 되면 우울감, 무기력에 빠져 대인 관계 기피로 인해 삶이 망가진다.

조직 생활이나 삶에서 '권태'는 피하기 어렵다. 정도의 차이이지 누구나 한 번 정도는 일상의 권태, 관계의 권태, 실존의 권태에서 고민하고 허우적거리고 방황한다.

권태가 찾아올 때, 특히 실존의 권태인 자신의 역할이나 존재에 대해 심한 물음표가 던져질 때, 셀프 코칭을 통하여 스스로에게 질문을 해야 한다. 그 질문 내용은 현재 시제가 아닌 미래 시제로 질문해야 한다.

"당신은 어떤 사람으로 기억되고 싶습니까? 어떤 리더로 기억되고 싶습니까?"

지금 힘이 들면, 현재에 머물지 말고 잠시 벗어나 미래로의 마음 여행이 필요하다.

나는 입사 1년 차에, 심한 실존의 권태에 빠졌다. 역할과 능력 그리고 존재 가치에 대해 심한 좌절감을 느꼈다. 이러한 권태에서 벗어나게 한 질문이 바로 '당신은 어떤 사람으로 기억되고 싶습니까? 어떤 리더로 기억되고 싶습니까?'였다. 업무적으로 제대로 적응하지 못한 내가 그때 나 자신에게 '나는 왜 이럴까? 도대체 말귀도 못 알아듣고, 앞으로 제대로 적응할 수 있겠어?' 이런 형태로 현재의 내 모습에 스스로 경멸하고, 한탄했더라면 아마 오늘날 나의 모습과는 많이 달라져 있을 것이다.

권태가 찾아오면 미래 시제로 질문하고 나와의 대화를 통해 새로운 나를 만들자. 그러나 과정을 통해 성숙하고 변화하여 영향력을 행사하게 되는 것이다. 그때 그 당시 내가 경험한 내용을 함께 살펴보고자 한다.

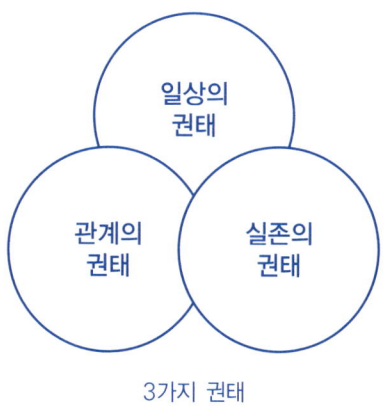

3가지 권태

3가지 권태가 찾아온 경우, 특히 존재 가치나 역할에 대한 회의감과 무력감이 찾아왔다면, 미래 시제의 질문을 해 보자.

"어떤 리더로 기억되고 싶습니까?"

시제와 관점이 바뀌면 행동이 변화하게 된다.

당신은 어떤 리더로 기억되고 싶습니까?

입사 1년 차에 새로운 환경에 적응을 하지 못해, 하루하루가 고역이었던 시절이 있었다. 너무 긴장을 해서 그런지 업무 지시를 잘못 이해하여 실수를 연발했다. 예를 들면 과장님이 '여기 접어 놓은 부분 10부 복사 부탁한다. 임원회의 보고 준비용이니 빨리해라'라고 하면 임원 회의라는 말에 긴장하여, 접은 부분은 잊어버리고 자료 전부를 복사하였다. 몇 분 후 담당 과장님이 복사가 뭐 이렇게 오래 걸리느냐 하면서 복사실로 직접 왔다. 나의 모습을 보고는 기가 차서 '도대체 정신을 어디에 두느냐고? 말귀를 그렇게 파악하지 못하느냐?'고 소리쳤다.

제일 긴장이 되는 날은 월요일이었다. 내가 재직할 때, 월요일은 과장 주관하에 주간 업무 회의를 진행했다. 개인별로 전주 업무 실적과 금주 업무 계획을 발표하고 공유하는 회의였다. 금주 업무 계획 발표가 끝났고, 담당 과장이 질문을 하곤 했는데 나는 너무 긴장해서 그런지 바보처럼 말도 더듬거리고, 요점을 이야기하지 못하고 변죽만 울렸다. 담당 과장님이나 선배들이 말은 하지 않지만, 표정에서 걱정과 답답함을 읽을 수 있었다.

어느 날 부서 회식이 있어 선배들과 술을 한잔했다. 술이 약한 나는 선배가 주는 술 몇 잔에 얼굴이 붉게 상기되고 몸과 정신이 몽롱한 상태가 되었다. 몸은 제대로 가누지 못하겠는데 선배들의 이야기는 또렷

하게 들렸다. 정신은 말짱한 상태였다. 그때 선배들이 주고받은 대화 내용은 상당히 큰 충격이었다. "말귀도 못 알아듣고, 이해력도 떨어지고, 정말 같이 일하기 힘들어, 무슨 일을 시키면 자꾸 삽질을 하니 시켜도 불안해… 정말 답답하고 답이 없어. 한마디로 꼴통이야. 꼴통."

그때 난 큰 충격을 받았다. 조직에 몸담고 있는 사람은 두 개의 이름을 가지고 살아간다는 사실을 그때 알았다.

첫 번째의 이름은 주민등록상에 기재된 이름이고, 또 다른 이름은 나의 행동 태도를 보고 붙인 이미지(Image)의 이름이었다. 그 당시 선배들의 머릿속에는 오정우라는 이름보다는 '꼴통'이라는 이름이 더 강하게 각인되어 있었다.

무언가 새로운 돌파구가 필요했던 나는 스스로에게 몇 가지 질문을 하고, 답을 찾아보기 시작했다. 요즘 언어로 셀프 코칭(Self-Coaching)을 시작했다. A4 용지 가운데 선을 긋고 좌측, 우측에 나 자신에게 하고 싶은 질문들을 생각나는 대로 적기 시작했다. 좌측에는 현재의 나에 관한 모습이었고 반대편에는 미래 얻고 싶은 이미지에 관한 내용이었다. 그때 나에게 질문한 내용들이다.

〈현재의 나〉에 관한 질문

1. 다른 사람의 눈에 비친 나의 현재 이미지는? 내 이름을 듣는 순간 다른 사람들이 떠올리는 단어는 무엇인가?
2. 다른 사람들은 왜 이러한 이미지를 생각하는가?
3. 그런 이미지에서 변화하려면 어떻게 해야 하는가?

〈미래의 나〉에 관한 질문

1. 미래에 얻고 싶은 이미지(Image)는 무엇인가?
2. 이러한 이미지(Image)를 얻기 위하여 지금부터 구체적으로 실천해야만 하는 행동은 무엇인가?
3. 어떤 사람으로 기억되고 싶은가?

A4 용지에 질문 문항을 기록하고, 차분하게 생각나는 대로 적어 보았다. 이때 내가 신경을 쓴 것은 한번 볼펜을 잡았으니 끝까지 놓지 않고 생각나는 대로 기록했다는 점이다. 나중에 느낀 점인데, 이렇게 해야 가장 솔직하게 마음의 소리를 적을 수 있었다.

현재 나에 대한 다른 사람들의 이미지(Image) 및 단어라는 질문에 내가 기록한 내용은 횡설수설, 답답이, 꼴통, 오리무중 등이었다. 질문을 하면 본질을 이야기하지 않고 내용 없이 여기저기 왔다 갔다 하여서

'횡설수설'이라고 하였고, 말을 하면 할수록 상대방에게 답답함을 주어서 '답답이'로 기록한 것 같았다.

그러면 이런 이미지(Image)를 떠올리게 했던 이유가 무엇일까? 내가 이렇게 행동했던 이유가 무엇일까? 하는 것이었다. 처음에는 생각이 잘 나지 않았는데 차분하게 생각해 보니, 실수를 하면 안 된다는 강박관념과 일을 잘하겠다는 생각이 지배적이어서 긴장하고 실수를 했던 것 같다. 무언가에 쫓기는 나를 발견했다. 마음의 여유가 필요했던 것이다. 이러한 과정을 거치니 마음이 좀 편해졌다. 그리고 '어떤 사람으로 기억되고 싶습니까?' 이 질문에 생각해 보고 답을 찾아보았다.

어떤 사람으로 기억되고 싶습니까?

얻고 싶은 이미지	· 개척자 내 이름 석 자를 듣는 순간 '개척자'라는 이미지가 연상되도록 하겠다.
무엇을 개척할 것인가?	1. 선배들이 하지 않는 내용과 방법으로 업무를 새롭게 개척한다. 2. 작년에 내가 했던 방법 말고, 다른 방법으로 업무를 개척한다.
필요한 행동	1. 10분 일찍 출근, 10분 늦게 퇴근 　- 남들보다 10분 일찍 출근하고, 10분 늦게 퇴근한다. 　- 성실하고 또 성실하자. 2. 배움 일지, 배움 노트 작성 　- 업무 바인더에 있는 기획 문서 배움 노트에 작성 　　(언제, 무슨 일을 하는지 월별로 작성) 　- 배움 일지 작성: 그날 내가 배운 내용을 일기 형태로 기록 3. 여유 갖기 　- 실수해도 된다. 처음에는 누구나 실수한다. 　　한 번 실수는 용서되지만 똑같은 실수를 　　두 번 하는 것은 용서하면 안 된다.

향후 이미지가 나를 지배하고 스스로 변화하게 만들었다

앞에서 작성한 '어떤 사람으로 기억되고 싶습니까?' 내용을 업무 수첩 가장 앞 페이지에 붙여 놓고, 업무 시작 전에 매일 보았다. 눈으로 보고 마음으로 수시로 보았다. 그리고 남보다 매일 10분 일찍 출근하여 배움 노트에 월별로 무슨 일이 진행되는지 제목 중심으로 적어 보았다. 약 80%는 반복적인 업무였다. 비슷한 시기에 비슷한 업무가 반복적으로 진행되었다. 문서 내용을 조금만 바꾸면 진행하는 데 아무런 문제가 없는 것들이다. 약 20%는 그 해의 경영 Issue에 의거하여 진행되는 업무들이었다. 선배의 기획력이 돋보이는 그런 업무들이었다. 1-12월 월별 주요 업무 내역이 눈에 들어오니 여유가 있고 자신감도 생겼다.

향후 내가 얻고 싶은 이미지 '개척자'를 염두에 두고, 어학 능력 결과 보고서를 나름대로 새로운 방법으로 연구해 보았다. '만약 이런 유사한 업무 지시가 온다면, 어떻게 할까?' 이런 생각을 많이 했다. 그런데 신기하게도 몇 주 후에 '관리자 어학 능력 현 좌표와 향상 방안 보고서'를 만들라는 지시가 떨어졌다. 사장 결재를 득한 후 회장실 인사 팀에 송부해야 되는 기획 자료였다. 마침 선배 사수가 외부 출장 중이고 급하게 자료를 만들어야 되는 상황이라, 담당 과장님에게 '제가 한 번 만들어 보겠습니다'라고 이야기를 하였다. 평상시의 이미지(Image) 때문인지 믿음이 전혀 가지 않는다는 눈치였지만, 상황이 급해서 그런지 일단 초안을 잡고 다시 보고하라고 하였다.

그때 내가 새롭게 접근한 내용은, 전체 그룹 자매 사 중에서 우리 회사 관리자는 몇 등일까? 서울 국립대, 사립대, 지방 국립대, 지방 사립대 출신자 중 어느 출신자들이 어학 점수가 가장 높을까? 직급별로 어떠할까? 이런 내용들이었다. 전산에 관련 자료 출력을 부탁하여 집계했고, 그래프로 시각화하여 보고서와 의견을 정리하였다. 이 자료는 평상시 내가 생각한 것과는 많이 달랐다. 서울 소재 국립대 출신자들의 어학 점수가 가장 높을 줄 알았는데 지방 국립대 출신자들의 어학 점수가 월등히 높았다. 직급별로는 젊은 대리급 점수가 가장 높을 줄 알았는데 의외로 '부장 직급'의 점수가 가장 높았고, 자매 사 중에서 거의 꼴등 수준이었다. 이는 이공계 출신자가 많은 회사 특성상 전공 공부에 시간을 더 보낸 결과로 추측되었다.

보고서를 과장님 책상 위에 올려놓고, 다른 자료를 보고 있던 중 급하게 호출되었다. 또 무엇이 잘못되었나? 하면서 갔는데, 첫마디가 이 보고서를 정말 내가 만든 것이 맞느냐는 질문이었다. 내가 만들었다고 하자 관리자 어학 현황과 대응 방안을 기대 이상으로 잘 만들었다고 했다. 내용 구성도 기존 방법과 다르고 심플하면서도 핵심 요점이 다 들어 있다, 특히 지방 국립대 출신 관리자들이 어학 점수가 가장 높다는 점은 향후 신입 사원 채용에 주는 의미가 매우 크다, 정말 수고 많았다고 덧붙였다. 처음으로 받은 칭찬이었다. 입사 후 9개월 만에… 그것도 '꼴통'이라는 이미지를 가지고 있던 내가 말이다.

좋은 문서는 결재가 빨리 나는 법이다. 사장실에 들어간 보고서는 사장님의 멘트인 'Very Good!'이 쓰인 채로 실무자인 나에게 돌아왔다. 이것이 변화와 영향력 증대의 첫 번째 발단이었다. 모든 일이 마찬가지겠지만, 처음이 어려운 법이다. 주위의 칭찬과 격려가 나를 더욱더 높은 곳에 도전하고 개척하게 하였다. 처음 시작은 우연찮게 시작되었지만, 향후 가지고 싶은 이미지(Image)를 정하고, 요구되는 행동 규범을 지속적으로 실천하니 주위의 시선과 평가가 변하고, 직급을 떠나 말의 무게와 영향력이 증가되기 시작했다.

스스로 변화와 혁신을 추진하여 영향력을 주는 리더가 되기 위해서는, 향후 얻고 싶은 이미지(Image)를 정하고, 끈기 있게 행동하고 도전하면 새로운 이미지를 얻게 되고 영향력을 발휘하는 리더가 될 것이다.

1. 현재 동료의 눈에 비친 당신의 이미지는 무엇이라고 생각합니까?
2. 향후 어떤 리더(Leader), 어떤 조직인으로 기억되고 싶습니까?
3. 향후 원하는 이미지(Image) 구현을 위하여, 요구되는 구체적인 행동은 무엇입니까?

영향력을 발휘하는 현장 리더가 되기 위해서는, 향후 얻고자 하는 이미지(Image)가 간절해야 한다. 그리고 새로운 이미지(Image)를 얻기 전까지는 고통과 시련을 참을 수 있어야 하고, 새로운 행동 습관을 만들어야 한다. 여러분이 작성한 향후 얻고 싶은 이미지가 정말 간절한지, 스치 지나가는 바람인지 한 번 더 생각해 보기 바란다.

자기 성찰 및 현업 적용하기: 어떤 사람으로 기억되고 싶습니까?

자기 성찰을 통해 현업 적용력을 제고하기 위하여, 자신에게 질문해 보고, 빈칸을 작성해 보기 바란다.

1. 얻고 싶은 이미지: 개척자, 사랑방, 횃불, 등대, 인공지능 등 미래에 얻고 싶은 모습을 가장 잘 나타내는 단어를 2-3개 추출한 후, 가장 끌리는 것을 하나 선정한다.
2. 선정한 계기와 의미: 선정한 배경과 의미를 간략하게 기술한다.
3. 그러한 미래 모습을 실현하기 위한, 필요 행동을 3-5가지로 적어 본다.

얻고 싶은 이미지	
선정한 계기와 의미	
필요한 행동	

감동적인 소설, 오랫동안 기억에 남는 영화는 대부분 멋진 마지막 장면을 갖고 있다. 우리의 인생과 리더십도 마찬가지다. 좋은 마무리를 위해 미리 차근차근 준비하여 살다 보면 결국 세상이나 조직에 무언가를 남기고, 아름다운 결말을 맞이하게 될 것이다.

'마지막에 어떤 사람으로, 어떤 리더로 기억되고 싶습니까?' 라스트 신(모습)을 생각해 보기 바란다.

⊙ 셀프 코칭 2: 여러분은 함께 밥을 먹고 싶은 리더입니까?

영향력을 발휘하는 리더 되기 두 번째 셀프 코칭 주제는 '함께 밥을 먹고 싶은 리더 되기'이다. 먼저 구성원의 입장에서 여러분은 어디에 해당되는 리더(Leader)인지 평가해 보기 바란다.

나는 어디에 해당이 될까?

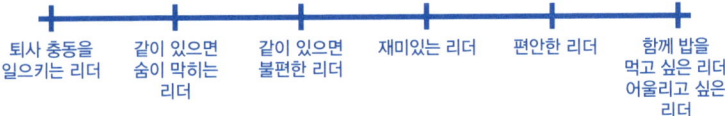

퇴사 충동을 일으키는 리더 / 같이 있으면 숨이 막히는 리더 / 같이 있으면 불편한 리더 / 재미있는 리더 / 편안한 리더 / 함께 밥을 먹고 싶은 리더 어울리고 싶은 리더

질문 1: 구성원의 입장에서 볼 때, 여러분은 지금 어디에 해당된다고 생각합니까?

질문 2: 지금까지 같이 생활한 리더 중에 밥을 함께 먹고 싶은 리더, 어울리고 싶은 리더가 몇 명이나 있었습니까?

질문 3: 함께 밥을 먹고 싶은 리더들이 가지고 있는 주요 행동 특성은 무엇이라고 생각합니까? 그들에게서 배우고 싶은 것은 무엇입니까?

'함께 밥을 먹고 싶은 리더 되기'란 주제로 강의를 한 적이 있다. 나름대로 참 의미가 있었던 교육과정이다. 참가자들의 반응이 참 좋았다. 매일 먹는 밥에서 리더십을 착안한 점이 교육생에게 신선하게 어필되었던 것 같다. 함께 밥을 먹고 싶은 리더가 되기 위하여 '밥'에 대해서 조금 알아보도록 하자.

자료를 찾아보니 밥의 종류가 콩밥, 보리밥, 오곡밥 등 무려 134가지 종류가 있었다. 깜짝 놀랐다. 이렇게 종류가 많을 줄 몰랐다. 그리고 누가 밥을 먹느냐 여부에 따라 부르는 이름도 따로 있었다. 임금이 먹는 밥은 '수라'이고, 양반이나 윗사람이 먹는 밥은 '진지'라고 부른다. 그래서 어린 시절 부모님에게 '진지 드세요'라고 한 것이다. '진지'는 '밥'의 높임말로 순우리말이다.

종이나 머슴과 같은 아랫사람 밥은 '입시'라고 했다. 입시는 신분이 가장 낮은 밥이다. 옛적에 지체 높은 양반들은 '밥 먹었는가?' 하면 될 것을 굳이 '입시는 하였는가'라곤 했다. 이것은 남을 낮춤으로써 자신의 체면이 선다고 생각했기 때문이다.

밥은 매일 먹는다. 매일 먹어도 질리지 않는다. 그러면 매일 먹는 밥, 당신에게는 어떤 의미입니까?

1. 매일 먹는 밥, 당신에게는 어떤 의미입니까?

1. 밥은 생존 에너지, 힘의 원천이자 나이를 나타낸다.

싸움이 유치하게 감정적으로 번질 때 가끔은 상대방에게 '야. 내가 밥을 먹어도 너보다 2-3년은 더 먹었어'라고 말한다. 내가 당신보다 나이가 더 많다는 것을 '밥'으로 표현한 것이다. 이처럼 한국 사회에서는 '밥 = 나이'라는 공식이 성립된다.

밥은 세상을 살아가는 힘의 원천이다. '밥심으로 살아간다. 밥이 보약이다'라는 말이 있다. 에너지의 원천인 밥은 다른 음식과 달리 매일 하루 세끼 평생을 먹어도 질리지 않는다. 생각할수록 희한한 일이다. 평생 먹어도 질리지 않으니 말이다.

2. 밥은 진한 모성애이다.

50년 만에 남북 이산가족이 만날 때 헤어진 아들이 굶고 있을까 걱정이 되어 매 끼니마다 밥을 한 어머니, 객지에 나가서 자취 생활을 하는 자녀에게 부모들이 매번 하는 말은 '밥은 먹었나?'이다. 이 짧은 말이 진한 부모의 사랑을 담고 있다. '밥 꼭 먹어. 밥 먹고 다녀.'

3. 밥은 친밀감의 척도다.

他者와의 친밀한 척도는 편하게 밥을 함께 먹을 수 있느냐 없느냐로 정해진다. 매일 먹는 밥이지만 모르는 사람하고는 한 끼도 마주 앉아 먹기가 어려운 게 밥인 것이다. 더구나 서먹한 관계의 사람과 밥을 함께 먹다가는 체하고 만다. 밥을 함께 먹는 행위는 그만큼 정서적으로 친밀하다는 뜻이다. 마음에 드는 이성에게 '차 한잔합시다'라는 말이 '밥 한 끼 할래요? 밥 한번 합시다'로 언제부터인가 변한 것 같다.

밥은 무엇을 먹느냐, 어디에서 먹느냐가 중요한 게 아니라, 누군가와 함께 먹느냐가 중요하다. 진짜 사랑하는 사람과 먹는 밥은 행복이다.

'당신과 먹는 밥은 밥이 아니라, 행복입니다.'

사랑하는 사람과 먹는 밥은 밥이 아니라 행복이다. 이 얼마나 아름다운 말인가? 좋아하는 사람과 좋아하는 음식을 먹으면서 즐겁게 이야기하는 것의 또 다른 이름은 '미소'이다.

4. 밥은 자신의 신세를 표현한다.

밥은 조직이나 가정에서 현재 자신의 위치나 입장 그리고 신세를 단적으로 나타낸다. '나는 요즘 집에서 찬밥이다.' 이 짧은 표현이 자신의 현재 입장이나 처한 환경을 잘 나타내고 있다. 나이가 들수록 가정이나 직장에서 찬밥이 아닌 항상 더운밥이 되도록 자신을 관리해야 한다. 그래야 꼰대 소리를 듣지 않고 어울릴 수 있다.

5. 밥은 소통의 매개체이다.

비즈니스를 해 보면 전화 통화만 한 사람, 얼굴 보고 차를 한잔한 사람, 그리고 같이 밥을 먹은 사람과는 친밀도가 하늘과 땅만큼 차이 난다. 밥은 사람과 사람 사이의 감정을 나누는 소통의 매개체로 볼 수 있다. 할 말이 있거나 약속을 정할 때 흔히 우리는 '밥 한 끼 하시죠'라는 말을 한다. 밥은 마음과 마음을 나누는 훌륭한 소통의 매개체이다.

밥을 함께 먹는 것은, 일상을 공유하는 것이다. 같이 밥을 먹는다는 것은 친밀도를 재는 기준이 되기도 한다. 영향력을 발휘하는 리더가 되기 위해서는 밥을 같이 먹고 싶은 사람을 늘리는 것이 중요하다. 무엇보다 가장 중요한 것은 내가 다른 사람들로부터 밥을 같이 먹고 싶은 사람이 되는 것이다.

나의 리더십과 영향력 발휘를 알 수 있는 하나의 지표가 다름 아닌 '밥'이다. 여러분이 사전에 예고 없이 갑자기 구성원에게 오늘 저녁에 함께 밥을 먹자고 했을 때 구성원 중 몇 명이나 기쁜 마음으로 동참할 것 같은가? 만약 여러분의 구성원들이 당신의 갑작스러운 '밥'의 제안에 조금의 망설임도 없이 기쁜 마음으로 동참한다면, 여러분은 정말 괜찮은 리더다. 이런 리더와는 정서적 친밀감이 형성되어 있어, 리더의 말이 잘 수용된다. 구성원들도 리더의 입장을 잘 이해하여 왜 저런 말을 할 수밖에 없는지 납득하기 때문이다.

혹시 갑자기 제안을 했는데 아무도 함께 밥을 먹고 싶지 않다는 의사 표현과 행동을 했더라도 실망할 필요가 없다. 지금부터 노력하여 그렇게 만들면 되기 때문이다. 함께 밥을 먹고 싶은 리더가 되기 위한 필요 행동을 찾기 위하여 아래 질문에 먼저 답을 찾아보기를 권한다.

질문 1. 함께 밥을 먹고 싶은 리더가 되기 위하여 버려야 할 행동과 태도는 무엇이라고 생각합니까?
질문 2. 함께 밥을 먹고 싶은 리더가 되기 위하여 앞으로 더 강화하고 실천해야 하는 습관, 태도, 행동이 있다면 무엇이라고 생각합니까?
질문 3. 현재 당신은 함께 밥을 먹고 싶은 리더입니까?

2. 밥을 함께 먹고 싶은 리더 되기 '버리자, 비우자'

　새들은 하늘 높이 날아오르기 위해, 가능한 몸이 가벼워질 수 있도록 진화했다. 새는 체내에 노폐물이 쌓이지 않는다. 방광이 없다. 새는 가벼운 몸으로 하늘 높이 날아오를 수 있다. 버려야 더 높이, 오래 날 수 있다. 리더십도 예외가 아니다. 밥을 함께 먹고 싶은 리더, 영향력을 발휘하는 리더(Leader)가 되기 위해서는 버리고, 비우는 뺄셈 사고가 필요하다. 왜냐하면 함께 일하는 구성원들은 자기들을 힘들게 하는 리더의 행동, 태도, 습관적 행동이 사라졌는지 또는 변화했는지에 관심을 가지고 있기 때문이다. 함께 밥을 먹고 싶은 리더가 되기 위하여 무엇을 버려야 할지 생각해 보자.

조급함과 지나친 관여

리더가 문제를 문제화시키면, 어떤 일도 이뤄질 수 없다. 문제를 문제화시킴으로써 더 큰 문제를 만들 수 있다. 조금만 더 기다려 주고, 조금만 더 들어 주면 문제가 해결된다.

리더십 그룹 코칭 때문에 어느 중견 기업 현장 리더를 만났다. 주제는 리더십 함양에 관한 내용이었다. 나는 현장 리더에게 질문을 했다. 질문은 '회사 현장 사원의 가장 큰 강점은 무엇이라고 생각합니까?'였다. 그런데 현장 리더는 강점은 둘째 치고 단점과 문제를 조목조목 아주 구체적으로 열변을 하면서 30분 이상 일방적으로 토해 내기 시작했다.

"아유 말도 마세요. 우리 회사 현장 사원들 특히 고참 현장 사원들은 자율성과 전문 능력이 아주 부족해요. 제가 일일이 세세하게 지시해 주지 않으면 무엇을 해야 할지 모르고, 엉뚱한 일을 합니다. 너무 답답합니다. 제 말귀를 못 알아들어요. 현장 리더 교육이 급한 게 아닙니다. 제발 이번에 CEO한테 잘 얘기해서, 현장 사원 의식 변화 교육을 시키고 저와 말이 통하도록 좀 만들어 주세요."

현장 리더와의 만남 후, 고참 현장 사원 사람을 만났다. 코칭과 리더십 교육 방향을 잡기 위한 만남이었다. 이 만남 속에서 사내 구성원 사이에 돌고 있는 사내 유행어를 알게 되었다. 그 유행어는 '조심. 반경 20

미터 앞 접근 금지'였다. 그 현장 리더의 사내 별명이 바로 '조심'이었다.

내가 만난 현장 고참 사원은 나에게 이렇게 하소연하였다.

"한번 업무 지시를 하면 30분 이상 대화 독점은 기본이고 목소리가 엄청 커서 지시인지 욕인지 비난인지 하여간 지시에 집중하기 힘들어요. 대화 시제도 과거, 현재, 미래를 왔다 갔다 하여 알아듣기도 힘들고, 옛날이야기를 했다가 갑자기 현재 이야기를 했다가 또 갑자기 앞으로 조심해야 하는 이야기를 하니, 정말 집중하지 않으면 본질을 파악하기 쉽지 않아요. 특히 본인이 중요하다고 생각하는 부분의 업무 지시를 할 경우에는, 제스처와 함께 설비나 자료를 손으로 치면서 이야기하니, 업무 지시를 받는 게 아니라 선생님에게 혼나는 학생 같아요. 제발 좀 조급하지 않게 우리를 지켜봤으면 해요. 정말 미치겠습니다."

그 현장 리더에 대해 조금 알아보았다. 그는 공정 관리와 설비에 관한 지식에는 타의 추종을 불허할 만큼 대단했다. 소리만 들어도 어디가 이상이 있는지 알 수 있을 정도였다.

그의 또 다른 별명이 '설비 박사'였다. 그는 엄청나게 공부하는 사람이었다. 새로운 설비가 들어오면 담당 엔지니어를 찾아가서 설비에 관한 교육을 제일 먼저 받았고, 문제가 생기면 매뉴얼을 보고 끝까지 파고들어 고쳤다. 그는 기록 달인이었다. 그의 설비 노트를 보면 설비에 관해 A부터 Z까지 꼼꼼하게 기록되어 있었다.

이러다 보니 현장 사원은 설비에 문제가 생기면 스스로 생각하지 않고, 현장 리더에게 달려와 설비가 고장인데 어떻게 하면 좋을지 묻는다. 그러면 현장 리더는 답답하다고 하면서 어떻게 하라고 답한다. 그리고 설비 수리 시간을 충분히 주어야 하는데 자기 기준에 의해 판단하여 '도대체 뭐하는 거야. 그거 하나 고치지 못하고. 1박 2일 걸리겠네…'라며 핀잔을 준다.

주고받는 대화의 레퍼토리는 현장 사원은 '어떻게 하면 좋을까요?'였고, 현장 리더의 답변은 '이렇게 해. 아니 바보처럼 그거 하나 못해'라는 식이었다. 시간이 지나고 보니, 현장 리더 혼자만 바쁘게 되었고 현장 사원은 설비가 고장이 나도 어차피 자기가 알아서 수리할 건데 하면서 고칠 생각을 하지 않는다.

노자《도덕경》에〈약팽소선〉이라는 말이 있다. 작은 생선을 빨리 구워지라고 센 불 위에 놓고 이리저리 자주 뒤집다가는, 생선이 구워지기도 전에 다 타 버리거나 살점이 떨어져 먹을 수 없게 되니, 잘 구우려면 센 불보다는 은근한 불에 오래 구워야 한다는 말이다. 일을 시킬 때는 시시콜콜 따지거나 간섭하지 말고, 그 사람이 갖고 있는 능력을 최대한 발휘할 수 있도록 스스로 열정을 끌어낼 수 있도록 도와주어야 한다. 생각하고 위해 준다고 간섭하기보다는 때론 지켜봐 주는 것이 더 나을 때가 많다.

밥을 함께 먹고 싶은 리더, 영향력을 발휘하는 리더가 되고자 한다면 노자 《도덕경》의 가르침인 〈약팽소선〉 의미를 생각해, 조급함과 지나친 간섭을 버려야 하지 않을까? 관심과 간섭은 종이 한 장 차이다. 나의 관심이 구성원에게는 숨 막히는 간섭이 될 수 있다. 관심과 간섭의 경계 관리와 차이를 아는 리더가 필요하다.

화살 잡는 원숭이

화살 잡는 원숭이 스토리는 장자(莊子)가 이야기한 우화이다. 장자(莊子)는 우화 전문가이자 이야기꾼이다. 그는 나비, 사마귀, 까치, 원숭이 등 동물을 소재로 삶을 살아가는 데 필요한 교훈, 철학에 대해 메시지를 던져 주고 있다.

화살 잡는 원숭이는 자만심에 대한 이야기다. 오나라 왕이 강에 배를 띄우고 놀다가, 강변의 원숭이 동산에 이르렀다. 원숭이들은 왕의 일행을 보자 모두 겁에 질려 나무 꼭대기로 도망쳤다. 그런데 한 마리 원숭이만은 완전히 무관심한 듯, 몸을 자유자재로 움직이며 나뭇가지 사이로 이동하여 자기의 재주를 왕에게 자랑했다.

왕은 활을 들어 그 원숭이를 향해 화살을 쏘았다. 그러자 원숭이는 날아오는 화살을 능숙하게 손으로 잡는 것이었다. 그리고 기고만장한 자세와 웃음을 왕에게 보여 주었다. 이에 화가 난 왕은 병사들에게 일제히 원숭이를 향해 활을 쏘라고 명령했다. 날아오는 화살 한 개를 잡고 기고만장하던 원숭이는 온몸에 화살을 맞고 그 자리에서 떨어져 죽었다. 결국 장자가 하고 싶은 이야기는 자만심을 경계하라는 의미다. 진짜 똑똑한 사람은 자신의 능력을 자랑하지 않는다. 다른 사람이 알아본다.

나폴레옹(Napoléon)이 만약 장자의 화살 잡는 원숭이 이야기를 듣고 가슴에 새겼더라면 역사가 달라졌을 것이다. 나폴레옹이 전쟁에 패한 진짜 이유에 대해 살펴보자.

1815년 6월 8일 벨기에 남동부 워텔루에서 영국, 네덜란드, 프로이센 연합군과 프랑스 간의 전쟁이 벌어졌다. 전쟁을 하루 앞둔 나폴레옹이 자신의 참모진 앞에서 이렇게 말을 한다. "내일 이 시간에 적장인 웰링턴 장군이 내 앞에 무릎을 꿇고 있을 것이다."

이 이야기를 들은 충직한 부하 '네이 장군'이 충언을 한다. "그렇게 말씀을 하시면 안 됩니다. 자만은 귀를 멀게 하고 눈을 닫아 무엇을 봐도 당연하게 생각하며 전쟁에 대한 우리의 열정을 떨어뜨립니다. 한 번 더 작전을 검토하고 냉정하게 분석하고 준비해야 합니다."

이 이야기를 들은 나폴레옹은 자리에서 일어나 자신에게 충언한 레이 장군에게 "그대 앞에 있는 내가, 전쟁의 신 나폴레옹임을 그대는 잊었는가?" 하고 말했다.

《레 미제라블》의 저자 빅토리 위고(Victor Hugo)는 이 장면을 이렇게 묘사했다. '그때 이미 나폴레옹은 패했다.'

자신감이 넘쳐 자만심으로 가득 찬 사람은 자신도 모르게 다른 사람을 경시하고 나아가 경멸한다. 그래서 자만심이 가득 찬 사람을 일컬어 '밥맛 떨어지는 사람'이라고 하는 것이다.

함께 밥을 먹고 싶은 리더, 영향력을 발휘하는 리더가 되기 위해서는, 자부심을 가지되 자만심을 경계하는 지혜가 필요하다. 자부심, 자만심 이 둘 중에 여러분은 어느 쪽에 더 가까이 서 있는가. 자부심과 자만심은 종이 한 장 차이에 따라 리더십의 색깔이 결정된다.

칭기즈 칸과 매 이야기

칭기즈 칸은 알렉산더 대왕, 나폴레옹, 히틀러 등 여타 정복자들이 점령한 영토를 전부 합친 것보다 더 많은 땅을 점령한 정복 군주이다. 또 그는 남의 이야기를 들을 줄 아는 소통 군주이기도 했다. 자신의 이름조차 쓸 줄 몰랐지만 탁월한 듣기 능력을 가졌다. 또한 그는 자기 행동에 대한 성찰을 통해 변화를 추구하는 자기 변화 추진자이기도 하다.

'칭기즈 칸과 매 이야기'를 통해 함께 밥을 먹고 싶은 리더가 되기 위하여 무엇을 관리하고 무엇을 마음에 새겨야 하는지 살펴보자.

어느 날 칭기즈 칸(Chingiz Khan)이 최측근 부하들과 매를 데리고 사냥을 나갔다. 부하들은 늑대나 토끼 등 사냥에 성공하는데, 칭기즈 칸은 한 마리도 잡지 못했다. 정복 군주로서 체면이 말이 아니었다. 그때 눈치가 빠른 부하 한 명이 '오늘 하루 각자 사냥을 하고 내일 이 시간에 다시 모이죠. 그래서 가장 많이 잡은 사람을 금번 사냥 대회 왕으로 하시죠'라고 말했다.

모두가 찬성하고, 칭기즈 칸 역시 정복 군주로서 체면을 세우기 위하여 몇 년간 동고동락한 매와 함께 동쪽 방면으로 말을 몰아갔다. 매와 함께 사냥에 집중을 하다 보니 날이 어두워진 줄 몰랐다. 주변을 천천히 살펴보니 처음 와 본 낯선 땅이었고, 긴장이 풀려서 그런지 갈증이 찾아왔다. 하지만 늦여름 가뭄으로 물을 찾기가 어려웠다. 신경을 집중해 보니 바위를 타고 흘러내리는 작은 물소리를 들을 수 있었다.

너무 반갑고 기뻐서 매를 내려놓고 물 잔을 꺼내 간신히 물을 받았다. 칭기즈 칸이 물을 마시려고 하는 순간 돌발 상황이 발생했다. 몇 년 동안 칭기즈 칸과 동고동락한 매가 날갯짓으로 칭기즈 칸의 손을 쳐 버렸고 이 때문에 물잔을 떨어뜨리고 말았다. 칭기즈 칸은 잔뜩 화가 났지만 매도 목이 말랐기 때문에 그랬을 것이라 여기며 참았다.

다시 잔을 들어 반쯤 물이 찼을 때 다시 달려들어 물을 쏟았다. 더욱 화가 난 칭기즈 칸은 검을 빼어 들고, 한쪽 눈으로는 매를 지켜보며 잔에 물이 채워지기를 기다렸고, 드디어 물을 마시려는 순간 매가 또다시 달려들자 흥분한 칭기즈 칸은 단칼에 매의 가슴을 내려치고 말았다.

얼마간의 시간이 지나고, 흥분이 가라앉은 칭기즈 칸은 생각해 보았다. 이상하다. 한 번도 이런 적이 없었는데 왜 이런 행동을 했을까? 그리고 물이 떨어지는 바위 위로 올라가 웅덩이를 찾아보았다.

그의 눈에는 놀라운 광경이 펼쳐져 있었다. 물웅덩이 주변에 엄청난 양의 독을 품은 독사가 죽어 있지 않은가? 물을 마셨더라면 칭기즈 칸은 죽었을 것이다.

주인을 살리려고 매가 날아올라 물잔을 떨어뜨렸던 것이다. 매의 날

갯짓은 동고동락한 주인을 살리기 위한 신호였고 애정이었고 충성이었는데, 칭기즈 칸은 감정적으로 흥분한 바람에 매의 행동 의미에 대해 알 수가 없었다. 아니 알려고 노력조차 하지 않았다.

칭기즈 칸은 매를 들고 막사로 돌아와서 금(金)으로 그 매의 형상을 뜨게 하였으며, 한쪽 날개에 '〈분노〉로 행한 일은 실패하고 후회하기 마련이다'라는 문구를 새겼다고 한다.

칭기즈 칸과 매 이야기는, 사람들과 소통하고 교류하고 함께 밥을 먹고 싶은 리더가 되기 위해서는 다혈질과 흥분을 절제해야 함을 말해 주고 있다. 여러분은 다혈질과 흥분하는 리더입니까? 아니면 이성적이고 합리적인 리더입니까?

아래 몇 가지 질문에 생각의 시간을 가져 보기 바란다.

질문 1: 여러분은 주로 언제 화를 냅니까?
질문 2: 여러분은 무엇 때문에 화를 냅니까?
　　　　화를 내면 어떻게 행동합니까?
질문 3: 함께 밥을 먹고 싶은 리더가 되기 위하여 다혈질, 흥분, 화와 관련하여 자신에게 해 주고 싶은 이야기가 있다면 무엇입니까?

3. 밥을 함께 먹고 싶은 리더 되기 '채우자, 행하자'

밥을 함께 먹고 싶은 리더, 영향력을 발휘하는 리더(Leader)가 되기 위하여 버리고 비웠다면, 다음에는 채우고 실천해야 한다. 밥을 함께 먹고 싶은 리더가 되기 위하여 무엇을 채우고 실천해야 할지 살펴보도록 하자.

평범한 단어, 어려운 실천 '정직'

한국전쟁이 한창이던 1951년 1월, 중국군의 침공으로 모든 사람들이 또다시 피난길에 오르고 있었다. 그런데 그 어지러운 상황 속에서도 한 사나이가 가방을 든 채 은행으로 바삐 들어가고 있었다.

"여기 빌린 돈을 갚으러 왔습니다." 사나이가 서류 가방을 열면서 말했다.

"빌린 돈을 갚겠다고요? 이 난리 통에? 높은 분들은 모두 부산으로 떠났어요. 대출 장부가 어디에 있는지도 모릅니다. 장부의 일부는 부산으로 보냈고, 일부는 분실되었습니다. 돈을 빌려간 사람들도 이제는 돈을 갚지 않습니다. 당신의 대출 장부도 분실되었을 것이 틀림없어요."

이런 말을 들었다면, 아마 대다수의 사람은 그냥 갔을 것이다. 왜냐하면 돈 앞에서 강한 사람은 별로 없기 때문이다. 은행원은 대출 장부가 분실이 되었고 다른 사람들도 돈을 갚지 않는다고 그냥 가도 된다고 했지만 그는 타협하지 않고 돈에 대해, 약속에 대해 정직하기로 했다. 결국 사나이는 은행원들에게 빚을 갚고 대신 영수증에 그 은행원들의 인감도장을 찍어 줄 것을 부탁했다.

그 은행원도 그 남자를 잊지 못할 것이다. 전쟁 통에 은행 빚을 갚아야 하는 기일이 되어 찾아온 사람이 세상에 있다고 상상조차 했을까?

전쟁이 끝난 후, 다시 사업을 하게 된 그 남자는 급한 자금이 필요해 대출을 받으러 은행에 갔다. 전쟁 전에는 돈을 갚으러 갔고, 이번에는 돈을 융통하기 위해 갔다.

그러나 은행에서는 전쟁이 막 끝난 후라 모든 것이 불확실한 상황에서 확실한 담보가 없는 상태에서 융자는 위험하다고 판단하여 그의 요청을 일언지하에 거부하였다. 은행에 돈을 대출하기 위해 많은 사람들이 찾아왔지만 불확실한 상황으로 은행의 문턱이 그만큼 높았다.

낙심한 그 남자는 돌아가려다가, 문뜩 전쟁 중 피난길에 이전에 갚았던 돈이 잘 처리되었는지 궁금해졌고 확인하고 싶었다. 그래서 간직해 두었던 영수증을 은행 직원에게 보여 주며 잘 처리되었는지 확인해 달라고 했다. 영수증을 본 은행 직원은 깜짝 놀라 소리쳤다. "아! 바로 당신이군요! 당신의 정직함은 은행가에서 전설이 되어 전해지고 있답니다."

직원은 그를 은행장의 방으로 안내하였고 은행장은 "당신처럼 진실되고 정직한 사업가는 본 적이 없습니다. 당신보다 더 확실한 보증이 어디에 있겠습니까?"라는 말과 함께 흔쾌히 융자를 해 주었다.

'정직함'으로 크나큰 일을 해낸 그는 바로 한국유리 주식회사의 설립자 고 최태섭 회장이다. 리더에게 있어서 정직함은 큰 자산이다. 밥을 함께 먹고 싶은 리더, 영향력을 발휘하는 리더가 되기 위해서는, 평범한 단어 그러나 어려운 실천인 '정직'에 대해 다시 한번 생각해야 되지 않을까?

정직에 대한 생각, 정리의 시간

돈에 대한 정직 ------------ 청렴
약속에 대한 정직 ----------- 신뢰
자신의 언행에 대한 정직 ------ 신용

돈에 대해 정직한 것을 우리는 청렴이라고 한다.
돈에 대해 정직하지 못하게 되면
부패가 찾아온다.
약속에 대해 정직한 것을 신뢰라고 하고,
약속을 가볍게 생각하고 무시하면
불신이라는 이름표를 얻게 된다.

자신의 언행에 대해 정직한 것을 신용이라고 한다.
리더의 정직은 관계 투명성을 높여 주는 동시에
리더십의 큰 자산, 원천이 된다.
함께 밥을 먹고 싶은 리더가 되고 싶습니까?
그러면 약속과 자신의 언행에 대해
정직하시기 바랍니다.

절제 리더십

영향력을 미치는 리더는 Simple하고 절제할 줄 안다. 영향력을 미치는 리더는 말도 Simple하고 활동도 Simple하다. 취미도 어느 선을 넘으면 삶이 파괴된다. 골프(Golf)를 절제하지 못하는 어느 사람의 변명을 한번 들어보자.

'신선한 바람과 초원이 나를 부르고, 지팡이로 스트레스를 날려 보내니 얼마나 하느님의 삶에 충실합니까?'

삶이나 일에서 절제하지 못하는 사람이 변명이나 합리화를 하면 정말 신뢰가 떨어지고 함께하기 힘들다. 그래서 리더는 특히 절제할 줄 알아야 한다. 감정과 생각을 절제할 줄 알아야 조직 관리, 사람 관리를 할 수 있다. 그래서 리더가 절제 리더십을 키우기 위해서는 S-S-C의 자세와 감정의 절제, 말의 절제, 생각의 절제를 해야 한다. 그래야 구성원에게 영향력을 발휘하고 조직과 사람을 변화시킬 수가 있다.

절제 리더십: 절제에 대하여

1. 절제를 위한 기본 태도: Simple, Short, Clear (S-S-C)
2. 영향력 발휘를 위하여 3가지를 절제하자

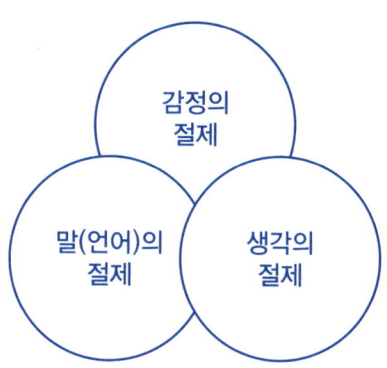

절제 리더십 1: 감정의 절제

함께 밥을 먹고 싶은 리더, 영향력을 발휘하는 리더가 되기 위해서는 〈감정의 절제〉가 필요하다. 감정의 절제와 관련하여 울산에 소재한 기업체에서 만난 리더 한 명의 이야기를 하고자 한다.

이 리더와는 코칭을 하면서 만났다. 효과적인 코칭(Coaching)을 위하여, 구성원에게 몇 가지 인터뷰를 통하여 그 리더에 대한 점을 물어보았다.

첫 번째 질문한 내용으로 구성원에게 회자되고 있는 별명이 무엇인지 물어보았다. 별명이야말로 그가 어떤 사람인지 정확하게 파악할 수 있기 때문이다.

그 리더의 별명은 '활화산'이었다. 성격이 불같고 심한 감정적 기복과 폭발 때문에 얻은 별명이다. 그의 업무 역량에 대해서는 모두들 인정한다고 했다. 배움이 생활화되어 있고, 전문 지식과 경험 그리고 성과도 탁월했다. 한마디로 똑똑한 리더(Leader)였다.

아쉬움이 있다면 그의 부족한 감정적 절제였다. 구성원이 기안한 서류를 보고 문제가 있으면 불같이 화를 냈다.

"이봐, 보고서의 생명은 정성이야. 오타가 도대체 몇 개야. 그리고 보고 받는 사람이 좀 편하게 볼 수 있도록, 띄어쓰기랑 콤마를 좀 찍어. 내가 도대체 몇 번을 이야기해."

"이게 보고서야? 핵심이 없잖아. 도대체 뭐라고 쓴 거야. 머리가 장식품이야? 머리를 좀 써 봐. 당신이 리더가 되면 내 손에 장을 지져."

이런 식으로 구성원들이 작성한 보고서 기획안에 대해 반응했다. 이렇게 리더의 감정적 피드백을 받는 날이면 '내가 왜 사나? 이런 게 직장 생활인가?'라는 회의감과 무력감이 엄습한다고 이야기했다.

두 번째 질문으로, 리더와 생활하면서 제일 힘든 때가 언제인지 물어보았다.

구성원들은 제일 힘든 때를 월요일 아침 주간 회의 때라고 했다. 회의를 주재할 때면 활화산 리더는 한 시간 이상 혼자서 열렬히 이야기한다고 한다. 그냥 내용을 전달하면 귀에 들어오겠는데 어떤 내용을 전달하다가 갑자기 감정적으로 흥분하여 구성원들의 지난 업무 실수를 끄집어내어 지적한다는 것이다.

"아 이것 보니 옛날 생각이 나네. 홍길동 씨 몇 달 전에 이 일과 비슷한 일을 추진한 적 있지? 그때 홍길동 씨가 실수한 거 기억하지? 무엇을 잘못했는지 알고 있어? 좀 치밀하게 해 봐. 일 좀 꼼꼼하게 하라고."

이런 식으로 업무를 전달했다가 화를 냈다. 회의를 한 시간 이상 진행하니 집중도 안 되고 미칠 지경인 것이다. 사원들은 회사 우울증에 걸려 있다고 했다. 모두들 기분 좋게 출근을 했다가, 활화산 리더 때문에 전부 다 우울 모드로 변했다.

그리고 더 심각한 것은 그가 다른 의견이 있냐고 물으면, 전부 없다고 말했다. 만약 다른 의견을 말하면, 회의가 한 시간 이상으로 더 길어지기 때문이었다. 다른 의견을 제시한 구성원에게 한 시간 동안 교육시키는 건 안 봐도 비디오라고 했다. 그러면서 쓸데없는 생각 말고 시키는 일이나 잘하라고 하니 좋은 의견이 있어도 침묵을 지킨다고 했다.

높은 톤과 공격적인 억양으로 흥분하여 이야기하면, 그의 이야기 본질과 핵심은 귀에 들어오지 않고 불안하고 짜증만 난다는 것이다.

이렇게 감정적으로 절제하지 못하는 리더를 만나니, 하루하루가 불안하고 힘이 든다. 언제 또 감정적으로 흥분하여 지적할지 모르니, 늘 피곤하다. 이제는 그 리더 목소리만 들어도, 다가오는 소리만 들어도 온몸이 긴장된다. 때문에 하루라도 빨리 벗어나고 싶어 하는 것이다.

코칭을 진행하면서 어느 정도 공감이 되었을 때, '활화산 리더'에게 구성원들의 정서와 애로 사항에 대해 조심스럽게 들려주었다. 걱정했는데 의외로 잘 수용해 주었다.

활화산 같은 성격을 자신도 잘 안다고 했다. 그러나 자신의 성격은 뒤끝이 없고, 그 자리에서 화를 내고 깨끗하게 잊어버린다는 것이었다. 자신이 화를 낸 것은 순수한 의도라고 했다. 실수를 지적해 또 같은 실수를 미연에 방지하고 실력을 향상시키기 위한 교육적 의도라고 했다.

그 활화산 리더와 이 문제에 대해 집중적으로 이야기를 나누어 보니, 그는 잘못된 관계 인식을 가지고 있었다.

그는 '우리가 남이가?'라는 말로 경계를 침범하는 관계 맺기에 익숙해져 있었고, 그 경계를 침범하는 것을 인간적 친밀감으로 여겼다. 이러한 인식 때문에 구성원에 대한 존중심이 결여되어 있었고, 그래서 절제하지 못하고 머리에서 나오는 대로 여과 없이 이야기를 한 것 같았다.

그래서 그와 세 가지 약속을 했다.

첫째, 아무리 나이가 어려도 구성원에게 반말을 하지 않는다. 반말을 하는 순간 구성원에게 경계가 무너져 상처 주는 말을 쉽게 하니, 존중의 의미로 반말하지 말 것을 제안했다.

둘째, 긍정적인 영향력을 발휘하는 리더, 함께 있으면 편안한 리더가 되기 위하여 지금부터는 일단 무조건 듣는다. 지적 대신, 'ㅇㅇㅇ의 생각은 어떠합니까?'라는 식의 질문으로 대화를 한다.

셋째, 지금보다 말을 50% 줄이고, 웃음과 미소를 50% 늘린다.

그로부터 1년 후, 그에 대한 평가가 완전히 달라졌다. 그의 별명은 '활화산'에서 '사랑방'으로 변했다. 그의 얼굴 표정부터가 달라졌다. 여유가 있어 보였다.

그가 나에게 남긴 말이 있다. '절제'는 선택이 아니고 필수다. 리더가 자신의 감정과 행동을 절제하면 할수록, 구성원들은 행복하다고 하며 말이다. 그가 나의 손을 잡으면서 한 말은 아직도 기억에 남는다. "욕하고 지적한다고 해서 사람은 결코 변하지 않아요. 리더가 감정을 절제하고 기다려 주면 구성원들은 화답합니다."

지금도 이 리더와 주기적으로 만난다. 그리고 함께 밥도 먹으며 이런저런 이야기와 추억을 공유한다. 구성원이 불편하게 생각하지 않는 리더, 구성원들에게 밥맛없는 리더가 아닌 밥맛 나는 리더, 영향력을 발휘하고 싶은 리더가 되고 싶은가? 그러면 먼저 감정을 절제하시기 바란다. 여러분의 감정 안녕하십니까?

절제 리더십 2: 말의 절제

함께 밥을 먹고 싶은 리더, 영향력을 발휘하는 리더가 되기 위하여 필요한 두 번째 절제는 〈말의 절제〉다. 말을 소리 나는 대로 적으면 〈마알〉이 된다. 마알은 마음의 알갱이라는 뜻이다. 그래서 말은 마음속에 있는 알갱이들이 입을 통해 밖으로 나온 것이라는 의미다. 즉, 말은 마음의 소리다.

직급이 낮을 때는 절제하지 못하는 리더의 말 때문에 괴로워했다. 했던 말을 또 하고 또 하고, 한 번 시작하면 기본 30분인 긴 잔소리, 감정이 동반된 날카로운 말 때문에 상처를 받았다. 그런데 이상하게도 자신도 직급이 높아지면 그렇게 닮아 간다. 그래서 나이가 들면서 입을 절제하지 못하면 '꼰대'라는 소리를 듣게 된다.

긍정적인 영향력을 발휘하는 리더가 되기 위해서는 단정 짓는 말, 과장하는 말, 간과하는 말을 절제해야 한다.

단정 짓는 말

단정 짓는 말이란, 리더(Leader)가 단편적으로 하나만 보거나 한 개의 사건만 보고 나머지 전부를 100% 결정하고 말하는 것이다. 단정 짓는 말에는 자신을 단정하는 말, 타인을 단정하는 말이 있다. 자신에게 단정 짓는 말은 '나는 원래 안 돼, 내가 하는 일이 다 그렇지 뭐. 봐 안 되잖아'처럼, 자신의 능력이나 결과에 대해 부정적으로 단정하는 것을 말한다. 이렇게 하는 근본 이유는, 과거에 체험한 강력한 열등감 때문이다. 유사한 일이나 새로운 일을 할 경우, 과거의 강력한 부정적 사건에서 겪었던 열등감의 접착제에 벗어나지 못해 발생하게 된다. 단정은 자기 파괴적인 말이다.

타인에게 하는 단정적인 말은 '넌 안 돼. 너는 할 수가 없어. 하나를 보면 열을 알아' 등 다른 사람의 행동 혹은 결과 하나만을 보고 다른 것을 결정해 버리는 말이다. 이러한 단정 짓는 말은, 다른 사람에게 깊은 좌절감을 심어 주고, 무력감을 준다. 어떤 사람은 성인이 되었는데도 어린 시절 부모나 주위의 사람에게 들은 '너는 안 돼, 너는 머리가 안 좋아'라는 강력한 단정의 말에 사로잡혀 도전하지 못하고 회피하는 사람들도 있다. 이처럼 말은 한 사람의 인생도, 운명도 결정짓게 하는 힘이 있다.

단정 짓는 말들

- 나는 원래 안 돼.
- 내가 하는 일이 다 그렇지 뭐.
- 봐, 안 되잖아.
- 넌 안 돼, 넌 할 수가 없어.
- 하나를 보면 열을 알아.

말은 사람을 죽일 수도, 살릴 수도 있습니다. 여러분의 말에는 어떤 향기가 납니까?

과장하는 말, 간과하는 말

과장하는 말은 별일 아닌데 크게 확대하거나 확장하여 말하는 것이다. '우와 큰일 났다. 이제 우린 끝났다' 등 사건의 본질을 부풀려 하는 말이다. 이는 '침소봉대'식 표현이다. '작은 바늘을 큰 몽둥이만 하다'고 표현하는 것이 바로 과장하는 말이다. 리더(Leader)가 구성원에게 사실의 경각심, 중요함을 부각시키기 위하여, 있는 사실보다 조금 더 부풀려 전달하고자 할 때, 이렇게 과장하는 말이 된다. 과장하는 말을 반복하면, 리더의 말에 영향력이 떨어진다. 리더의 말은 S-S-C(Simple-Short-Clear) 해야 되는 것이다. 함께 밥을 먹고 싶은 리더가 되고 싶습니까? 그러면 여러분의 말을 점검해 보시기 바랍니다.

간과하는 말은, 한쪽만 보고 다른 한쪽은 보지 않은 채 결론을 내려 말하고 행동하는 것을 의미한다. 현장 리더가 하는 말 중 가장 대표적인 간과의 말은 '모든 사람들이 현장 리더인 나를 싫어해'라는 말이다. 물론 한두 사람과는 코드가 안 맞아, 나를 싫어할 수도 있다. 하지만 나를 이해하고 수용하고 좋아하는 사람들도 있다. 관계의 권태와 염증으로 마음의 여유가 없어, 한쪽 면만 눈에 들어오기 때문에 이런 간과의 말을 자주 한다. 그러면 나중에는 실존의 권태가 찾아와 현장 리더 자리가 고통의 자리가 되어, 정말로 하기 싫어진다.

때문에 말을 경계해야 한다. 말을 하면 다른 사람들보다 자신의 귀가 가장 먼저 듣게 된다. 지금 당신에게 어떤 말을 들려주고 있습니까? 단정하는 말, 과장하는 말, 간과하는 말을 들려주고 있지는 않습니까? 함께 밥을 먹고 싶은 리더가 되려면 〈감정과 말〉을 절제해야 합니다. 넘치는 것보다 절제하는 것이 더 큰 힘을 발휘합니다.

절제 리더십 3: 생각의 절제 – 고집과 아집의 절제

자동차의 아버지 '헨리 포드(Henry Ford)'가 자동차를 만들겠다고 결심한 이유를 알고 있는가?

어느 날 헨리 포드의 엄마가 위중했다. 헨리 포드는 마차 등을 쉴 새 없이 채찍질하여 새벽에 잠이 든 의사를 간신히 집으로 모셔 오는 데 성공하지만, 위중한 어머니는 이미 사망했다. 어머니의 죽음을 보고 핸리 포드는 마차보다 더 빨리 달리고 탈 수 있는 것을 만들겠다고 다짐했다.

연구를 거듭한 끝에 30세가 되던 해에, 창고를 뚫고 처음으로 자동차를 세상에 내놓게 되었다. 어린 시절 소년의 꿈이 현실로 이루어진 순간이었다. 지금도 벽에 구멍이 뚫린 옛 건물을 그대로 보존하고 있다. 건물을 뚫고 나온 그 당시 자동차는 후진 기어가 없었다. 오로지 전진만 가능했다. 1903년 천신만고 끝에 그 유명한 검은색 T형 포드차를 탄생시켰다. 꿈의 자동차였고 그의 오래된 꿈, 목표가 현실화되는 순간이었다.

헨리 포드는 '생산 방식의 표준화'를 통해 자동차의 대중화를 이룬 입지적인 인물이다. 초기 자본주의를 가능케 한 '대량생산 방식'은 그의 이름을 따서 '포드주의(Fordism)'라 불렀다. 포드는 자동차를 대중화시켰지만 이후 대중들은 좀 더 다양한 형태의 자동차를 원하기 시작했다. 그래서 색깔이나 차종 등 한 개의 차종만 생산하는 포드의 시장 점유율은 하락하기 시작했다. 하지만 포드는 과거의 생산 방식만 고수했다.

포드의 위기를 인식한 경영진 중 한 명이 포드에게 편지를 썼다. '경쟁자들이 팔고 있는 신차를 보면 더 강해지고 우리는 더 하락하고 있습니다. 이에 대한 대비책을 하루아침에 만들 수는 없지만, 회사의 중대한 자리에 계신 분이니, 이 문제를 해결할 것이라고 믿습니다.' 편지를 받은 포드는 꼼짝도 하지 않았고, 오히려 편지를 쓴 경영진이 해고됐다.

전설적인 자동차 왕, 헨리 포드(Henry Ford)는 비전 Maker였지만, 고집과 아집이 넘치는 사람이었다. 주위의 많은 사람들의 권유에도 불구하고 Model-T 외엔 그 어떠한 모델의 자동차도 제작하지 못하도록 하였다.

어느 날, 회사 디자이너들이 헨리 포드 모르게 새로운 모델을 만들어 보여 주고자 했다. 직접 망치를 들고 달려들어 차를 때려 부숴 버렸다. 헨리 포드는 남을 세워 주는 리더가 아니었다. 모든 것을 통제했고, 참신한 아이디어를 가지고, 자신의 기존 방식과 다른 형태로 내놓는 것을 용납하지 않았다. 또한 어느 정도 지도자감으로 괜찮은 사람이 나타나면 가차 없이 짓밟아 버렸다. 그의 고집과 아집이 조직을 멍들게 하고 말았다.

자신의 생각만이 옳다는 아집과 고집을 절제하지 못하면 결국 조직은 무너질 수밖에 없다.

함께 밥을 먹고 싶은 리더, 영향력을 발휘하는 리더가 되기 위해서는, 감정을 절제하고 말을 절제하고, 생각을 절제해야 한다. 여러분은 절제하는 리더입니까?

이 물음에 답을 찾아보기 바란다.

함께 밥을 먹고 리더, 영향력을 발휘하는 리더가 되기 위한 절제 관련 질문들

1. 감정의 절제
   - 언제 주로 화가 납니까?
   - 무엇 때문에 화가 납니까?
   - 최근에 감정을 절제하지 못해 후회한 적이 있습니까?

2. 말의 절제
   - 단정, 과장, 간과하는 말 중에서 주로 가장 많이 사용하는 말은 무엇입니까?
   - 리더의 말은 Simple해야 하는데, 여러분의 말은 어떠합니까?

3. 생각의 절제
   - 당신의 의견이 옳다고 고집, 아집을 부리는 편입니까?
   - 여유를 가지고 다양한 사람들의 이야기에 귀를 기울이는 편입니까?

겸청즉명

 밥을 함께 먹고 싶은 리더, 영향력을 발휘하는 리더가 되기 위해서 필요한 '정직한 리더, 절제하는 리더'에 대해 알아보았다. 정직, 절제 이외 밥을 함께 먹고 싶은 리더가 되기 위한 행동 덕목이 바로 '겸청즉명'이다. 즉, 들어 주는 리더가 되어야 한다.

 위징(魏徵)은 '겸청즉명 편신즉암(兼聽則明 偏信則暗)'이라고 답했다. 골고루 많은 의견을 들으면 현명한 군주가 되고, 한쪽 얘기만 믿으면 아둔해진다는 뜻이었다. 겸청즉명은 겸손과 경청의 합성어다. 다양한 사람의 의견에 귀를 기울여 그 가운데 옳다고 생각하는 의견을 수용하는 것이 바로 겸청즉명이다. 밥을 함께 먹고 싶은 리더, 영향력을 발휘하고 싶은 리더가 되기 위해서는 절제, 정직 그리고 경청이 필요하다. 경청에 대해 알아보자.

여기에 두 명의 리더가 있다. 두 리더(Leader)의 공통점은 모두 정성을 다하는 리더라는 점이다. 차이점은 정성의 방법과 주제가 다르다는 것이다. 두 명의 리더, 그 안으로 들어가 보자.

① A 리더: 열렬히 이야기하고 가르쳐 주고자 하는 리더

A 리더는 리더십 Project를 통해 만난 리더다. 아주 열정적이고 조직에 대한 충성심 로열티가 탁월한 리더다. 그리고 한번 마음을 주면 좀처럼 변하지 않는 의리파이기도 하다.

A 리더와 대화를 하면서 현장 리더로서 제일 힘든 것, 답답한 것이 무엇인지 물어보았다.

부서를 이동하여 새로운 곳의 현장 리더로 가 보니, 구성원들이 일하는 수준이 형편없다는 것이다. 전임 현장 리더가 도대체 구성원들을 어떻게 관리하고 육성했는지 한심스럽다는 것이다.

이 현장 리더의 말은, 자기 부서에서 제일 중요한 것이 설비에 관한 지식과 관리이고 설비 상태에 관한 보고서를 작성하는 것인데, 구성원이 작성한 설비 상태 보고서를 보니 달랑 한두 장, 그것도 핵심도 없는 서술식 또는 나열식의 보고서가 올라온다는 것이다.
그래서 내용을 보강하여 다시 작성하라고 하면, 얼굴에 당황한 빛이

역력하다는 것이다. 며칠씩 고민은 하는데 다시 올라온 보고서를 보면, 정말 신입 사원보다 못하다는 것이다. 그래서 구성원들의 역량 향상을 위하여 자기가 직접 나서서 구성원을 강하게 훈련시킬 생각이라고 말했다.

몇 달 후 다시 A 리더를 만났다. 만나서 근황을 물어보니 구성원들이 자기를 피한다는 것이다. 같이 밥을 먹으러 가자고 하거나 대화를 요청하면 얼굴 표정이 변하고 자신을 부담스러워한다는 것이다. 왠지 모르게 본인은 구성원에게 정성을 다해 다가가는데, 좀처럼 심리적 거리감이 좁혀지지 않는 느낌을 받는다고 했다.

그래서 나는 어떻게 그들과 관계를 맺었냐고 물어보았다.
"결재 서류가 올라오면 옆에 앉힌 다음 보고서에 무엇이 부족한지, 어떻게 보완을 해야 되는지 입에 거품을 물면서 정성을 다해 설명하고 또 설명을 해 주었어요. 한 명당 한 번에 한 시간 정도의 시간을 할애했어요."

그리고 구성원들의 반응에 대해서도 물어보았다.
"항상 마지막에 오늘도 많이 배웠습니다. 감사합니다. 앞으로 열심히 하겠습니다"이런 식으로 마무리 인사를 한다는 것이다.

실제적으로 보고서나 기획서 작성은 전에 비해 조금은 향상되었지만 눈에 띄게 달라진 것도 없고, 업무 분위기도 적막하고, 딱 시킨 것만 하거나 회의 시간에는 자신의 눈치를 엄청 본다는 것이다.

A 리더는 나와의 대화 말미에, "앞으로 조금 더 정성을 다해 구성원에게 다가가고 훈련을 시켜야겠어요. 조금만 더 하면 구성원들이 일정 궤도에 올라올 수 있어요. 나중에 왜 이렇게까지 강하게 밀어붙였는지 이해할 거예요. 오늘부터 조금 더 정성의 강도를 높여 육성해야겠어요"라는 말과 함께 대화를 마무리했다.

② B 리더: 조용한 리더

B 리더의 별명은 '조용한 리더'다. 처음 보면 리더로서 카리스마도 없고, 추진력도 약해 보여 어딘가 2% 부족해 보이는 유형의 리더다. 그런데 구성원들이 잘 따르고 존경도 받고 있다. 그의 비밀은 바로 입, 즉 말을 절제하고 귀를 열고 정성스럽게 듣는 데 있다.

업무 보고서로 예를 들면, A 리더는 구성원이 작성한 보고서를 보며 정성스럽게 자신의 의견을 말하고 조언한다. 무엇이 잘못되었고, 무엇이 부족하고 어떻게 보완해야 하는지를 자세하게 알려 준다.

반면, B 리더는 귀를 열고 정성스럽고 아주 열정적으로 구성원의 이야기를 듣는 편이다. 보고서를 작성한 구성원이 그렇게 작성한 이유와 생각을 듣는 데 집중한다. 그리고 나서 조용하게 몇 가지 질문을 한다. 예를 들면 "이 내용 전후의 배경을 잘 모르는 제삼자가 본다면 얼마나 이해할 것 같습니까? 제삼자가 조금 더 쉽게 이해하려면 어떻게 표현하면 될까요?"

그러면 구성원은 자기의 생각을 신나게 이야기한다. 그러면 B 리더는 눈 맞춤, 고개 끄떡임 등으로 반응을 보인다. 그러면 구성원이 스스로 결론을 내린다. "질문을 받고 생각해 보니, 표현이 조금 추상적이었던 같습니다. 제가 보완을 더 하겠습니다."

A 리더는 수정이나 보완의 방향을 결론짓고 지시를 한다면, 조용한 B 리더는 정성스럽게 듣고 몇 가지 질문을 통해 구성원들이 스스로 수정이나 보완을 하게 만든다.

A와 B 리더와의 대화를 나눈 구성원들의 표정은 확연히 차이를 보인다. A 리더와 대화를 나눈 구성원들은 지쳐 보일 뿐만 아니라 어깨가 축 쳐지고 얼굴 표정도 경직된 반면, B 리더와 함께한 구성원들은 얼굴 표정이 일단 밝고 환하다. 그리고 무언가를 알았다는 혹은 무언가를 찾은 듯한 표정을 짓는다.

함께하고 싶은 리더, 함께 밥을 먹고 싶은 리더의 첫 번째 조건은 정성스럽게 듣는 것이다. A 리더처럼 구성원이 인정할 만한 실력을 가지고 있고, 정말 순수하게 구성원을 육성한다는 좋은 의도로 정성스럽게 조언한다고 해서 모두 마음을 열고 존경하는 것은 아니다.

마음이 먼저다. 들어 주는 것이 먼저다. 정서적 친밀감이 있어야 다른 사람의 조언이 귀에 들어온다. 정서적 친밀감이 없는 좋은 이야기는 잔소리에 불과할 뿐이다.

내가 만나 본 많은 리더들은 좋은 뜻으로, 좋은 의도로 단점을 지적하고자 정성스럽게 피드백을 하고 있다. 이렇게 하면 마음의 거리, 심리적 거리만 멀어질 뿐이다.

경청은 밥을 함께 먹고 싶은 리더, 영향력을 발휘하는 리더들의 공통으로 가지고 있는 행동 덕목이다. 여러분은 듣는 리더입니까? 마음과 귀를 여는 리더입니까?

나이가 들어 40대가 되면 남녀 모두 작은 일에 민감해진다. 나이를 먹는다는 증거다. 자그마한 일에도 큰 상처를 받는다. 40대 이상의 나이에는 나이가 들면서 상대를 배려하는 화술을 익혀야 하는데, 가장 좋은 방법은 들어 주는 것이다. 영향력 발휘를 원하는가? 그러면 먼저 듣는 리더가 되어라. 거기에 길이 있다.

⦿ 셀프 코칭 3: 여러분은 전문가입니까? 숙달자입니까?

영향력을 발휘하는 리더가 되기 세 번째 셀프 코칭 주제는 '여러분은 전문가입니까? 숙달자입니까?'라는 주제이다. 영향력을 발휘하는 리더의 또 다른 특성은, 무언가 배울 것이 있는 리더, 나를 육성해 줄 역량과 의지가 있는 리더이다.

업무적으로 문제가 안 풀려 본질을 찾지 못해 헤매고 있을 때, '파이팅 해. 술 한잔 먹고 잊어버려'이런 리더보다는, '옛날에 이런 문제가 있을 때 이렇게 해 보니 해결이 되던데 한번 참조해 봐. 아 그리고, 이러이러한 책을 한번 봐. 조금은 도움이 될 거야.' 이렇게 실질적인 조언을 해 주고, 문제를 해결할 수 있도록 이끄는 리더가 영향력을 가지게 된다.

먼저 아래 셀프 코칭용 질문을 생각해 보기 바란다.

1. 여러분은 전문가입니까? 숙달자입니까?
2. 지금까지 직장 생활을 하면서 얻은 것 중 가장 자신 있는 전문 지식은 무엇입니까?
3. 여러분의 근무 경험을 구성원에게 가르쳐 보라고 한다면, 강의 주제는 무엇으로 정하겠습니까?
4. 실력 함양과 관련하여 구성원에게 하고 싶은 이야기가 있다면 무엇입니까?
5. 평생에 걸쳐 배우고 싶은 분야가 있다면 무엇입니까?

영향력을 발휘하는 리더가 되기 위하여 실력의 참된 의미와 어떠한 실력을 함양해야 하는지 살펴보도록 하자.

1. 물 실력과 진짜 실력

〈백종원 골목식당〉 프로그램을 자주 본다. 자주 보는 이유는 말 그대로 골목에서 장사하는 서민들의 고민과 고충이 공감되기 때문이다. 물론 출연하는 사람의 장사 태도를 이해하지 못하고 화가 날 때도 있다. 특히 '홍탁집 사장' 방송에서는 아들의 태도와 행동에 대해 이해하지 못하고 정말 화가 났었다. 이런 홍탁집 사장에게 장사를 떠나서 삶에 대한 기본 태도와 인성에 대해 알려 주고 끝까지 함께한 백종원 氏를 보면서, 그의 진정성을 느낄 수 있었다. 그리고 확 달라진 '홍탁집 사장'을 보면서 작은 감동을 느꼈다.

그런데 골목식당에 출연했던 장사하시는 분들을 가만히 보면, 장사한 경험이 많을수록 자신의 음식에 대해 강한 자신감을 가지고 있는 편이었다. 그래서 백종원 씨와의 첫 만남에서는 자신감 있게 자신의 음식과 경력에 대해 이야기한다. 그래서인지 음식 시식 후 백종원 氏가 음식에 대해서 좋지 않은 평가를 하면 잘 수용하지 못한다.

주방 상태를 점검하고, "스테이크 고기가 질긴 이유를 알고 있느냐? 카레 향이 약하다. 카레 향을 느끼게 하는 방법을 알고 있느냐?" 등 음식 조리와 관련된 날카로운 질문을 던지면 대부분 우물쭈물한다. 그 후 이러한 일련의 과정을 통해 자신들의 내공과 음식 실력에 대해 자각하고 인식하게 된다. 그리고는 백종원 氏가 제시하는 솔루션을 적극 받아들이고 변화하고 새롭게 태어난다.

대개 이런 흐름으로 진행이 된다. 이들의 태도와 행동 변화는, 자신들의 실력 현 좌표를 정확하게 인지한 결과라고 생각한다. '전문과 숙달'에 대해 많은 사람들이 착각을 하는 것 같다. 그 일을 오랫동안 경험했다고 해서 전문가가 되는 것은 아니다. 똑같은 일을 연구와 고민, 학습 없이 10년간 해 왔다면 그것은 10번의 반복과 숙달에 불과할 뿐이다. 이런 실력은 진짜 실력이 아니고 물 실력인 것이다.

또 다른 TV 프로그램 이야기를 하고자 한다. TV 방송 제목은 잘 모르겠는데, 내용은 대박집 사장이 쪽박집 사장에게 컨설팅을 해 주는 내용이다. 기억에 남는 내용은 대박집 돈가스 사장과 쪽박집 돈가스 사장과의 내용이다. 첫 만남에서 대박집 사장이 질문을 한다.
"돼지고기를 가자 맛있게 먹으려면 한 번 칼질로 몇 그램(g)을 썰어야 하는지 알고 계시나요?"
쪽박집 사장은 대답을 못하고 당황만 했다. 그런 게 있나 그냥 감으로 하면 안 되나? 하는 표정이었다. 그러자 대박집 사장은 답을 해 준다.
"한 번에 30그램을 썰어야 합니다."

30대 대박집 사장의 칼질 한 번에 정확하게 30그램. 한 치의 오차도 없이 정확했다. 반면 40대 쪽박집 사장은 그렇게 하지를 못했다. 30그램, 35그램, 38그램, 심지어 41그램. 균일하지 않는 실력이었다. 부족한 기본 실력의 민낯이 여과 없이 드러났다. 30대 대박집 사장은 눈물이 쏙 나도록 교육을 했다. "그렇게 오랫동안 장사하면서 칼질도 제대로 못합니까?" 하면서 며칠 동안 계속해서 칼질 교육을 받았다. 물 실력과 진짜 실력의 차이점을 한눈에 알 수 있었다. 물 실력은 '대충, 그럭저럭' 배우고 익힌 것이기 때문에 체계성도 일관성도 없고, 기본기가 약하니 성장에 한계가 올 수밖에 없다.

그다음에 스파게티 면을 뽑는 전문가가 와서 조언을 해 주고, 외모도 손질을 받아 음식 조리 실력뿐만 아니라 외모, 태도에 대해서도 재정비하고선 준비가 끝났다.

이렇게 장사 준비를 끝낸 후, 담당 PD가 질문을 했다. "오늘 하루 희망 매출액이 얼마나 되었으면 합니까?" "네, 백만 원만 되면 좋겠습니다. 저희 부부에게 하루 매출액 백만 원은 꿈의 숫자입니다." 장사가 끝나고 매출액을 점검해 보니, 희망 금액이었던 백만 원보다 두 배인 이백만 원을 약간 넘었다. 이백만 원 소리를 듣고 부부 두 사람이 눈물을 흘리면서 포옹하는 모습으로 TV 프로그램이 마무리되었다.

이 부부가 눈물을 흘릴 때, 감정이입이 되어 나도 모르게 눈물이 나왔다. 고생한 부부의 과거가 생각나고, 제대로 배워서 앞으로 일어날 희망과 도전에 눈물을 흘린 것 같다. 그때 이 프로그램을 보면서 실력은 두 가지가 있음을 알았다. 그것은 '물 실력과 진짜 실력'이었다.

생각하고 연구하고 배우지 않는 경험은 그 일을 할 수 있는 숙달자이지 전문가는 아니다. 이 분야에서 10년간 일을 했다. 그런데 생각하고 연구하고 배우지 않는 10년은 아무런 의미가 없다. 그것은 1년의 형편없는 경험을 10년간 반복했을 뿐이다.

구성원에게 영향력을 발휘하는 리더가 되기 위해서는 전문과 숙달에 대한 냉철한 자기 점검이 필요하다. 여러분의 실력은 물 실력입니까, 진짜 실력입니까?

2. 영향력 발휘를 위하여 리더가 가져야 할 3력

영향력 발휘를 위하여 리더가 가져야 할 세 가지 실력 즉, 3력(力)이 있다. 바로 통합력, 활용력, 지속력이다. 먼저 통합력에 대해 살펴보자. 통합력은 함께 일하는 구성원들과의 마음과 마음, 생각과 생각을 하나로 묶는 능력을 의미한다. 한마디로 통합력은 혼자서도 일을 잘하지만 더불어, 함께 통합할 때 일을 더 잘하게 되는 능력이다. 영향력 발휘를 위하여 리더가 가져야 할 진짜 실력 그 첫 번째가 통합력이라고 생각한다. 왜냐하면 통합력의 중요성을 몸으로 직접 체험했기 때문이다.

1992년 '대리' 때이다. 그때 나는 LG그룹 사원으로는 처음으로 경영도서를 발간했다. 그때 발간한 책 제목이 《전원인재경영》이었다. '한 사람의 인재가 십만 명을 먹여 살린다'는 소수 인재 경영과 핵심 인재 경영이 그 당시 대세였는데 반대로 전원이 인재가 되는 《전원인재경영》을 발간해 많은 관심을 받았다. 책이 신문에 홍보가 되고, 판매가 되고, 외부 강의 의뢰가 들어와 출강도 하면서 여러 가지로 바빴다. 나와 동기들은 내가 '과장 승진'하는 것을 당연하게 예상했다. 평상시 일을 열심히 하고, 회사 홍보를 위해 책을 발간한 내가 과장 진급에서 탈락한다는 것을 생각조차 하지 않았다.

그런데 막상 '과장 승진자' 명단에 내 이름이 없었다. 그때 난 내가 너무 똑똑해 '과장이 아닌 부장'으로 승진한 줄 알고, 부장 승진자 명단을 확인했다. 그런데 거기에도 내 이름은 없었다. 한마디로 물을 먹은 것이었다. 너무 화가 났다. 내가 가장 견디기 어려운 것은, 나보다 실력이 부족하다고 생각했던 동기가 승진하고 좋아서 웃는 모습이었다. 동기들의 웃는 모습이 정말 보기 힘들었고 정이 다 떨어졌다. 한 달 동안 웃지도 않고 주변 사람들과 말하지도 않았다. 어느 정도 마음이 정리된 시점에서 '담당 임원'이 불렀다. 그때 담당 임원이 들려준 이야기가 아주 충격적이었고, 나 자신을 돌아보는 계기가 되었다.

"오정우 氏는 통합력에 문제가 있어. 경청이 잘 안 돼. 똑똑하다고 스스로 생각하니까 다른 사람 이야기를 잘 안 듣고, 무시하잖아. 너무 논리적이고 한번 주장하면 양보도 잘 안 하고 고집이 너무 강해. 이러한 인성으로 인하여 과장이 되면, 함께 일하는 구성원을 너무 힘들게 하고 팀워크에 문제가 생긴다고 판단해서 이번 과장 승진자에서 유보한 거야."

유보한 과장 승진을 정식으로 발령 내니 앞으로 혼자가 아닌 함께 일하는 관리자가 되기 바란다는 담당 임원과의 대화 후, 스스로를 한 번 더 돌아보게 되었다. 그때 참 부끄러웠다. 리더에게 있어 진짜 실력은 혼자가 아닌 함께 일하는 '통합력'이라는 점을 그때 확실하게 알았다. 통합력이야 말로 리더가 가져야 할 진짜 실력이다.

영향력 발휘를 위하여 리더가 가져야 할 첫 번째 실력은 '통합력'이고, 두 번째 실력은 '활용력'이다.

13세기까지는 동양이 서양을 앞서갔다. 동양의 대표 선수 중국이 서양을 앞서갔다. 정확하게 말하면 압도했다. 철강 산업 시작도 중국이었고, 처음 화폐를 만든 곳도 중국이었다. 잘 알다시피, 종이를 처음 만든 곳 역시 중국이다. 또한 체계적인 전염병 퇴치 시스템을 고안한 곳도 중국이다. 그런데 서양이 어떻게 동양을 앞서갔나? 이 물음에 대한 답이 바로 활용력이다.

인쇄술을 개발한 곳은 중국이고, 이를 활용해 책을 대량 출판한 곳은 유럽이다. 최초로 화약을 제조한 곳은 동양이고 이를 활용해 신식 총과 대포는 유럽에서 만들었다.

중국인들은 만리장성을 쌓았고, 로마제국은 길을 만들었다. 만리장성은 적으로부터 자신을 위해 만든 것이었지만 결국엔 스스로를 가두는 감옥이 되었다. 유럽의 대표 선수 로마는 길을 만들고 길을 따라 뻗어 나갔다. 끊임없는 개척 정신과 활용력으로 놀라운 발전을 했다. 처음 발명한 사람이 위대한 것이 아니라 그것을 잘 활용하는 사람이 위대한 것이다.

질문 1: 지금까지 학습이나 경험을 통하여 축적한 정보나 배움 등을 현장에서 활용한 대표적인 활용 사례는 무엇입니까?
질문 2: 활용력을 높이기 위한 좋은 아이디어나 방안이 있다면 무엇이라고 생각합니까?

영향력 발휘를 위하여 리더가 가져야 할 세 번째 실력을 이야기하기 이전에 여러분에게 퀴즈를 하나 내겠습니다. 여러분이 생각하는 답을 한번 맞추어 보기 바랍니다.

아래 나열된 사람들 중, 어느 사람이 성공할까요?

1. 지식이 많은 사람
2. 재능이 많은 사람
3. 환경이 좋은 사람
4. 돈이 많은 사람

눈치가 빠른 분은 위의 예시에서 정답이 없다는 사실을 알았을 것입니다.

영향력 발휘를 위하여 가져야 할 세 번째 실력(力)은 '지속력'이다. 엄격하게 말하면 꼭 해야 하지만 하기 싫은 일을 얼마나 지속하느냐가 성공의 결정적인 열쇠인 동시에 영향력을 발휘하는 리더로 가는 길이다.

'나는 절대로 천재적인 작가가 아닙니다.' 치밀한 스토리와 탁월한 심리 묘사로 '천재 만화가'로 불리는 윤태호 작가. 하지만 그는 자신에게 천재적인 재능이 없다고 이야기한다.

그럼 만화가의 재능이 무엇이냐는 질문에 그는 이렇게 대답한다. "끈기가 재능이고 성공입니다. 재능이란, 괴로운 시간을 견디는 힘입니다." 그래서인지 그의 작품 〈미생〉에서는 끈기, 재능을 강조하는 대사가 눈에 띈다. '인생은 끊임없는 반복이다. 반복에 지치지 않는 자가 성취한다. 버텨라. 그것이 이기는 것이다.' 반복하는 일상에 지치지 않고 끝까지 지속하여 영향력을 발휘하고 정상에 오른 다른 사람을 조금 더 만나 보도록 하자.

또 간단한 퀴즈를 하나 내겠습니다. 이 사람이 누구인지 맞추어 보기 바랍니다.

"아침에 일어나면 15층 아파트 계단을 왕복합니다. 끝나면 매일 6km를 달립니다. 그리고 600번의 퍼팅을 합니다. 이것을 매일매일 반복합니다. 한국인 최초로 미국 메이저 골프(Golf) 대회 우승을 거두고 명예의 전당에 올랐습니다. 나는 누구일까요?"

말하지 않아도 잘 알 것입니다. 바로 '박세리 선수'입니다.

하기 싫지만 해야만 하는 일을 매일 반복하는 힘, 그것이 정말 우리를 감동시키고 존경받는 이유일 것이다. 어떤 일을 끝까지 지속한다는 것은 정말 어려운 일이다. 마음에 있는 악마가 우리에게 속삭이며 유혹한다. 그만하라고 말이다. 그러면 그럴듯한 이유를 찾아 스스로를 위로 하면서 그만둔다. 그리고 어떤 계기가 있으면 다시 계획을 세우고, 고난이 찾아오면 또 핑곗거리나 위안 삼을 것을 찾고선 포기한다.

얼마 전, 마윈(Ma Yun)과 창업을 꿈꾸는 대학생과의 질의응답 장면을 감명 깊게 보았다. 중국 학생이 마윈에게 질문을 한다. "어떻게 하면 창업해서 실패하지 않고 성공할 수 있습니까?" 그 학생의 질문에 마윈이 입을 연다. 많은 사람들이 마윈의 이야기에 귀를 기울이기 시작한다.

"창업의 가장 큰 핵심은, 포기하지 않고 밀고 나가는 것입니다. 만약 매일 같이 한 가지 일을 꾸준히 지속한다면, 세상은 차츰 당신을 중심으로 돌아갈 것입니다. 그러나 진득하지 못하게 이 일 저 일을 손대는 사람은, 평생 세상을 중심으로 돌아가야 합니다. 나의 결론은 이렇습니다. '끈기와 지속'이 답입니다. 이것이 바로 창업의 핵심입니다. 그리고 모든 일 역시 이와 동일합니다."

분야와 나라는 다르지만 정상에 우뚝 서고, 영향력을 행사하는 사람의 공통점은 하기 싫지만 해야만 하는 일에 지속하고 끈기를 가지고 있다는 점이다. 그래서 '지속력'은 리더가 갖추어야 할 기본 실력 중에 기본 자질인 것이다.

리더들이여 '배움'을 지속하자

역사 속의 인물 중에서 개인적으로 가장 안타까운 사람을 선택하라고 하면 여러분은 누구를 선택하고 싶습니까?

난 개인적으로 '항우'를 선정하고 싶다. 좋은 집안, 압도하는 용감성과 전투력, 강한 자신감 그리고 사랑하는 연인에게 끝까지 지지와 사랑을 받은 점등 승자가 될 수밖에 없는 수많은 요소가 있었지만, 단 하나가 없는 게 있어 패자가 되었기에 개인적으로 너무나 안타깝다.

'항우'에게 없는 것은 다름 아닌 〈배움에 대한 지속력〉이다. 항우는 초나라 장군 항연의 손자 출신이다. 어려서 글을 배웠지만 공부를 끝내지 못했다. 검술 역시 중간에 그만두고 말았다. 끈기가 부족했다. 지속하는 힘이 약했다. '글은 이름만 쓸 줄 알면 되고, 검은 한 사람만 상대하는 것이다. 차라리 1만 명을 대적하는 길을 배우겠다'는 생각을 가지고 있었다.

이 말을 들은 항연이 병법을 가르쳤다. 이 역시 대충 뜻만 알고는 끝내 배우려 하지 않았다. 이것을 보면, 항우는 인내력이 없고, 무엇이든지 배워서 자기 것으로 삼으려는 의지가 부족했다. 그래서 항우는 지적 기반이 약했고, 리더로서 자기만의 철학이 부재했고, 자기 성찰이 결여되었다.

영향력을 발휘하는 리더가 되기 위해서는 〈배움에 대한 지속력〉을 길러야 한다. 리더는 지식을 배워서 남에게 주어야 한다. 줄 때에 비로소 영향력의 원이 커지는 것이다.

배울 때에는 '격물치지(格物致知)'의 탐구 정신이 필요하다. 격물치지에서 '격(格)'은 다가간다는 의미다. 그리고 '물(物)'은 존재하는 모든 사물을 뜻한다. 예를 들어 품질 관리나 사람 관리에 대해 알고 싶으면 먼저 품질이나 사람에 대해 알려고 다가가야 한다. '치(致)'는 다가가서 극한 깊이로 파고드는 것이고, '지(知)'는 알 때까지 몰입을 하라는 의미다.

격물치지의 자세로 〈배움〉을 지속하자.

- 격(格): 다가가라
- 물(物): 배우고 싶은 대상이나 사람에게
- 치(致): 극한 깊이까지 파헤쳐서
- 지(知): 배움과 지식을 습득하라

⊙ 셀프 코칭 4:
역경이나 고난 시 당신은 어디에 있습니까?

– 용기 지수를 높여라

영향력을 발휘하는 리더가 되기 위한 네 번째 셀프 코칭 주제는 '용기 지수'이다. 아들러(Alfred Adler)의 《미움받을 용기》 도서 이후, 남자의 용기, 고백할 용기, 거절할 용기, 늙어 갈 용기 등 용기와 관련한 많은 책들이 쏟아져 나왔다. '용기'란 도대체 무엇일까? 용기의 진정한 개념은 무엇일까? 나는 '용기'를, 역경을 극복하고자 하는 마음, 두려워하지 않는 것이 아니라 두려움과 당당히 맞서는 마음이라고 생각한다.

미국의 폴 스폴츠 교수는 역경 지수 개념을 발표했다. 역경 지수란 스트레스, 고난에 생산적으로 대응할 수 있는 힘을 의미한다. 폴 스폴츠 교수는 역경에 대응하는 자세에 따라 '진정한 용기'를 가진 리더인지 포기하는 유형인지 알 수 있다고 하였다. 진정한 용기를 가진 리더의 모습에 대해 살펴보자.

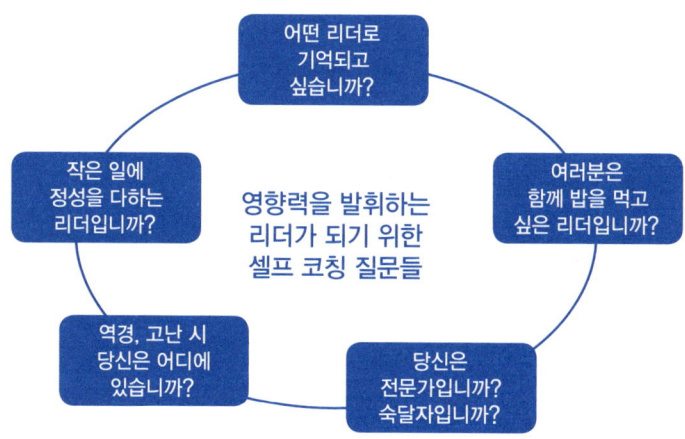

1. 진정한 용기를 가진 리더란?

폴 스폴츠 교수는 역경을 극복하는 유형을 등산에 비교하여 역경, 용기 타입을 3가지 형태로 정리했다. 첫 번째 타입이 '퀴터(Quitter)형'이다. 이 유형은 역경이 다가오면 이겨 내지 못하고 바로 도망치는 유형이다. 힘든 문제에만 부딪치면 그냥 포기하고 도망치는 유형이다. 전체 조직의 20%가 이 유형에 해당이 된다. 퀴터형은 역경, 고난이 다가오면 자기 합리화와 불가능한 이유를 찾아, 자신이 왜 포기하는지 설명하기에 바쁘다. 만약 리더가 이런 포기형(Quitter)이라면, 조직에서 활력을 찾기가 어렵다.

두 번째 유형은 '캠퍼(Camper)형'이다. 역경이 찾아오면, 적극적으로 대응도 안 하고 도망도 가지 않고 중간에 캠프(Camp)를 치고 대세를 관망하는 유형이다. 조직에서 전체의 60%가 이 유형에 해당된다. 캠퍼형의 특징은 '무난함, 대세를 찾아서, 나서면 피곤하다' 등이다. 조직 분위기를 파악한 후, 대세에 따라 행동을 결정한다.

세 번째 유형은, '클라이머(Climber)형'이다. 이 유형은 역경이 닥쳐오면 더 적극적이 된다. 역경과 정면으로 맞서고 적극적으로 행동하여 고난을 극복하고 넘어가는 유형이다. 산을 타고 올라가 정상을 정복하는 사람(Climber)이다. 전체의 약 20%가 이 유형에 해당된다.

진정한 용기를 가진 리더란, 자기 자신만 역경을 넘어가는 것이 아니라, 다시 돌아와서 퀴터(Quitter)나 캠프를 치고 주저앉아 대세를 관망하는 캠퍼(Camper)들을 데리고, 같이 역경을 넘는 사람이 진정한 용기를 가진 자이다. 그러기에 이런 진정한 용기를 가진 리더(Leader)를 존경하고, 신뢰하게 되는 것이다.

여러분은 어떤 유형의 리더입니까? 역경을 회피하는 퀴터형입니까? 관망하는 캠프형입니까? 진짜 용기를 가진 리더란, 역경이 찾아오면 앞장서서 넘어가고, 주저하는 구성원을 격려하여 함께 역경을 극복하고 넘어가는 사람이다.

'진정한 용기를 가진 리더.'
혼자만 역경을 넘어가는 것이 아니라, 다시 돌아와서 주저앉고 관망하는 구성원을 데리고 함께 역경을 넘어가는 사람이 진정한 용기를 가진 리더입니다.

미국 역사를 바꾼 재키 로빈슨

진정한 용기를 가진 리더(Leader) 몇 사람을 만나 보자. 이 만남 속에서 진정한 용기를 가진 리더들은, 지금까지 내려오던 잘못된 관행을 바로잡고자 노력한 사람임을 알 수 있다. 첫 번째 만나 볼 사람은 미국 흑인 야구 선수이다.

1947년만 해도, 미국 프로 야구 선수 중에 메이저리그에서 뛰는 흑인 선수는 한 명도 없었다. 1947년까지는 전통과 관행이 메이저리그에서 흑인은 선수로 뛸 수 없었다.

재키 로빈슨(Jackie Robinson)이 이 오래된 관행과 전통을 타파하기 위하여 용기를 가지고 도전을 했다. 1947년 다저스의 책임자였던, 브랜치 리키(Branch Rickay)는 자신이 눈여겨본 흑인 야구 리거 선수인 재키 로빈슨에게 거룩한 실험을 제안했다. 거룩한 실험이란, 흑인 선수로는 처음으로 미국 메이저리그의 야구 선수가 되는 것이었다. 그라운드에 나가면 수많은 관중이 매 게임마다 갖은 욕설과 야유, 심지어 물건을 집어 던질지도 모른다. 또는 증오에 찬 고함과 눈길을 보낼지도 모른다. 하지만 재키 로빈슨은 성깔도 있고 힘도 센 사람이었다. 심지어 군대에 있을 때, 흑인은 버스 뒤로 가야 한다는 전통을 거부했다. 백인 장교의 버스 뒤로 가라는 명령을 거부해 영창을 가기도 했다.

그러나 그는 한 번도 감정을 드러내며 반응하거나 보복하지 않았다. 뉴욕 양키스의 전설적인 강타자가 된 미키 맨틀(Mickey Mantle)이 다저스에서 신인이었을 때, 로빈슨은 그를 찾아와 악수를 청하면서 '넌 정말 대단한 선수다. 반드시 대성할 것이다'라고 격려를 했다. 최고의 스위치 타자가 된 미키 맨틀은 이렇게 그 당시를 회고했다.

"나는 그때 정신이 멍해지는 것 같았다. 그렇게 심한 야유와 모욕과 욕설 그리고 따돌림을 당한 사람이, 신인 시골 풋내기 백인 선수에게 그런 따뜻한 격려를 어떻게 해 줄 수 있단 말인가?"

1947년 5월 14일, 백인 우월주의로 유명한 신시내티 레즈와의 원정 경기가 열렸다. 경기에 앞서 분노한 백인들이 LA 다저스 구단과 재키 로빈슨에게 수많은 협박 편지를 보냈다. 그 내용은 '경기를 하러 크리슬리 필드에 들어오면 즉시 죽여 버리겠다'였다. 5월 14일 경기장 분위기는 그만큼 살벌했다. 재키 로빈슨이 필드에 모습을 보이자 관중들은 야유를 시작했고, 신시내티 선수들도 가세하기 시작했다.

사람들의 엄청난 야유 속에 다저스의 유격수 파워 리즈가 1루로 걸어와 로빈슨 옆에 서고 관중의 시선이 집중이 되자 그는 1루수의 재키 로빈슨을 끌어안았다. 최악으로 치닫던 경기장 분위기가 일순간 조용해졌다. 그날 보여 준 리즈의 포옹은 야구계 전체가 재키 로빈슨을 인정하는 계기가 되어, 메이저리그의 한 획을 그었다. 또 그날 다저스 동료들은 등 번호 42번인 재키 로빈슨을 총으로 쏘겠다는 협박에 항의하는 뜻에서 그날 모두 로빈슨의 등 번호 42번을 달고 출전하였다. 이날을 기념하기 위해, 매년 4월 15일에는 30개 전 구단 선수와 감독이 42번 유니폼을 입고 경기에 출전한다.

재키 로빈슨은 10년 동안 다저스에 활약을 했다. 우승을 6번 했고 1955년에는 월드 시리즈 정상에 올랐다. 1947년 내셔널 리그 최고 신인상, 1949년에는 MVP로 선정되었다. 생애 통산 타율 3할 1푼 1518안타 137홈런에 도루 197개를 기록했으며, 1962년 흑인 최초로 명예의 전당에 올랐다. 베이브 루스가 야구를 바꿨다면, 재키 로빈슨은 미국을 바꾸었다.

비정상적인 관습과 관행을 바로잡다

2004년 청주, 오창에 소재한 대기업에 '리더십 개발 및 강의' Project를 진행한 적이 있었다. 이 Project의 제목은 '현장 리더(감독자)의 리더십 함양'이다. 핵심 키워드는 두 가지였다. 첫 번째는 기본과 원칙이 준수되는 조직 만들기였고, 두 번째는 신뢰하는 조직 만들기였다. 이 말은 기본과 원칙이 무너지고, 신뢰가 부재하다는 반증이다. 잘되면 교육을 할 필요가 없기 때문이다.

과정 개발을 위하여 관련자 인터뷰 및 현황 조사를 해 보면서 깜짝 놀랐다. 한마디로 '비정성적인 행동이 정상처럼 보인다'고 표현할 수 있었다. 가장 크게 작용됐던 미준수가 바로 '근태'였다. 출근 시간, 퇴근 시간, 종무 시간 등 각종 시간이 제대로 지켜지지 않고 있었다. 가장 심각한 것이 출·퇴근 시간이었다. 9시가 출근 시간이면 적어도 10분 전에 출근해 같이 위험 예지 훈련을 하고 교대를 해 주어야 하는데, 한두 명이 5분이나 10분씩 지각을 지속적으로 하고, 퇴근 시간에는 정해진 시간보다 20분 일찍 나와 정문이나 자신의 차에서 미리 퇴근 준비를 하고 있었다.

왜 구성원들이 일찍부터 퇴근 준비를 하느냐고 질문을 해 보니, 이런 답이 돌아왔다. "회사 정문 경비실에서 퇴근 차량을 대상으로 트렁크 검사를 합니다. 정시 퇴근을 하면, 한꺼번에 많은 퇴근 차량이 몰려 회사에서 20-30분 대기하고 경비실에서 검사 후 퇴근할 수 있습니다." 그러니 정시보다 조금 일찍 퇴근할 수밖에 없다는 것이었다. 그러면 교대 조와는 얼굴을 보면서 인수인계를 하느냐고 물어보니, 얼굴은 보지 않고 전화상으로 인수인계를 하거나 아예 인수인계 없이 근무한다고 했다.

현상 분석을 한 후, 회사 노경팀과 HRD 구성원에게 질문해 보았다. "혹시 회사 현장 리더 중에서 용기를 가지고 관습에 도전하여 관행을 바로잡은 현장 리더가 있습니까? 만약 있다면 인터뷰를 해서 그분의 행동 특성을 교육 소재로 하여 개발하고 다른 현장 리더에게 공유 및 확산하도록 하는 것이 어떻겠습니까?" 이렇게 질문을 하자 그런 현장 리더가 한 명 있다는 것이다. 그래서 2004년에 용기를 가진 현장 리더와 처음 만났고, 다음 페이지에서 그의 이야기를 들어 보자.

노사 분규 시 유일하게 정상적으로 라인이 돌아가다

2003년에 이 회사에서 노사 갈등이 있었는데, 엄청난 큰 노사 분규 및 파업이었다. 한두 달간 치열한 투쟁은 지속되었다. 모든 현장 사원이 똘똘 뭉쳐 파업을 하고 있는데, 단 한 라인만 노사 분규에 아랑곳하지 않고 현장 사원들이 정시에 출근하였고 정위치하여 정상적으로 라인을 돌리고 있었다. 그래서 파업을 하는 현장 사원이 현장 라인(Line) 앞에 와서 '도대체 지금 뭐 하는 것이냐, 전부 다 지금 파업하는데 이렇게 혼자만 라인을 돌리느냐, 이러면 우리의 단결력이 떨어지니 지금 당장 작업을 그만두고 합류해라'는 식으로 말했다. 이런 동료의 요구에 라인을 정상으로 돌리는 사람들이 이렇게 답했다.

"우린 그런 것들은 잘 모르겠다. 우리는 현장 리더(Leader) 얼굴 봐서 파업에 동참하지 못한다. 우리 현장 리더가 얼마나 나를 인간적으로 이해하고 공감하고 지원했는지 너희들은 잘 모른다. 내가 만약 동참한다면 현장 리더의 얼굴을 볼 수가 없다. 나는 작업을 해야만 한다. 그러니 이 라인(Line)을, 제발 넘지 마라. 라인을 넘어서 우리 현장 라인을 중단시키고자 한다면, 우리는 온몸으로 막을 수밖에 없다. 제발 부탁한다. 돌아가라."

노사 분규 시 유일하게 정상적으로 라인을 돌아가게 한 힘의 원천은 무엇일까? 그 현장 리더를 만나고 대화를 통해 그의 노력을 알 수 있었다. 그때 나눈 이야기를 소개하고자 한다.

A: 본인 소개를 부탁합니다.

B: 현장 조직을 책임지고 있는 실장 홍길동입니다.

A: 다른 라인은 전부 다 파업에 참여했는데, 유일하게 실장님이 책임지고 있는 라인은 정상 근무를 했습니다. 그 비결은 무엇이라고 생각합니까?

B: 저 나름대로는 크게 3가지 요인이 있었다고 생각합니다. 첫 번째가 '현장 리더 상호 간의 강한 유대감, 일체감 가지기'이고, 두 번째가 '용기와 인내를 바탕으로 구성원에게 다가가기', 세 번째가 '엄한 규율과 원칙 적용'이라고 생각합니다. 실장이 되고 난 후, 저는 교대 근무를 책임지고 있는 반장 3명과 많은 대화를 했습니다. '우리 조직의 가장 큰 문제가 무엇인지? 반장의 가장 큰 애로사항이 무엇인지? 내가 무엇을 도와주면 되는지?'에 대한 대화를 많이 나누었습니다. 일단 현장 리더 상호 간의 '함께하기'를 만든 것이 가장 잘한 일이라 생각합니다.

A: 그러면 처음 실장을 하게 되었을 때, 조직의 분위기는 어떠했는지 궁금하네요?

B: 근무 환경과 분위기는 따로 국밥, 무너진 위계질서, 비정상적인 관행이 오히려 정상처럼 보이는 조직 분위기였습니다. 조금 더 구체적으로 이야기해 드리겠습니다. 기본이 무너진 조직, 통제, 위계질서는 어디로 갔나? 특히 야간 근무 태도가 정말 심각했습니다. 일을 하러 왔는지, 놀러 온 것인지 구분이 안 될 지경이었습니다. 반장이 통제하면 현장 고참 사원들이 반장에게 '니가 뭔데' 하면서 지시에 불복종하였습니다. 그리고 현장 반장에게 대드는 현장 고참 사원이 현장에서 오히려 영웅이 되는 기이한 현상이 발생했습니다. 업무나 자기 계발은 뒷전이었습니다. '고스톱을 하고, 술은 밤새워 먹어도 일은 밤새워 몰입 못한다. 나 이런 놈이니 알아서 하세요. 같은 현장 머슴끼리 좋은 게 좋은 거 아닙니까? 그 당시 현장 정서는 나만 아니면 돼. 손해 보고는 참지 못한다, 남들도 다 하는데.' 뭐 이런 식이어서, 열정과 의욕을 가지고 일을 열심히 하거나 기본과 원칙을 준수하는 사원이 오히려 이상하고 손해 보는 느낌이 들 정도였습니다.

A: 한마디로 무너진 기본과 원칙, 넘치는 이기주의, 사라진 단어 '팀워크' 이렇게 정리할 수가 있겠네요. 그럼 이런 조직을 어떻게 변화시켰습니까?

B: 한마디로 말하면 '소신과 용기'라고 생각합니다. 관행과 타협하면 몸이 정말 편한데 타협할까? 생각도 했지만, 이건 아니다. 비정상

을 정상으로 한번 만들어 보자. 이렇게 마음먹고 먼저 구성원에게 다가가기를 시도했습니다. 다가가기를 시도하면 할수록 구성원은 저를 점점 더 피하더군요. 나중에 돼서 돌아보니 공감보다는 좋은 소리, 잔소리를 많이 한 것 같았습니다. 그래서 한 사람, 한 사람에 대해 연구했습니다. 가족 관계, 고향, 취미, 가장 큰 관심 사항, 걱정과 고민거리 등을 수첩에 계속해서 적고 기록하였습니다. 한 사람에게 다가가서 대화를 하고, 최대한 경청하였습니다. 제일 기억나는 것은 현장 사원 중 한 명의 자녀가 초등학교에 입학한 것을 알고, 학용품을 선물로 준비하고 선배 학부모로서의 실패 경험을 들려주었습니다. "○○씨, 준영이 이번에 초등학생 되었죠? 자. 내가 준비한 마음의 선물이에요. 학용품인데 받아 줘요." 그러면 "어떻게 우리 애 이름도 알고, 또 초등학교 입학한 것도 알고 준비했습니까? 고맙습니다"하면서 자녀 교육, 부인과의 갈등 이야기 등 살아가는 이런저런 이야기를 자주 했습니다.

그 친구는 나에 대한 거부감이 상당했는데, 같이 자주 대화를 해 보니, 서로 간에 오해가 있었음을 알게 되었고, 마음으로 한편이 되었습니다. 그 친구에게 제대로 된 대화를 하기까지는 한 열 번의 거절을 당했습니다. 대화가 연결되지 않고, 단문으로 단절되기 일쑤였습니다. 그런데 포기하지 않는 용기, 지속하는 용기가 있었기에 구성원도 마음의 문을 열고, 인간적 대화가 가능했던 것 같았습니다.

A: 참 대단합니다. 현장 리더로서 포기하지 않고 지속적으로 다가간 다는 것이 쉽지는 않았을 것인데 '포기하지 않는 용기, 지속할 수 있는 용기'가 있었기에 가능했다고 생각됩니다. 포기하지 않는 용기, 지속하는 용기를 계속 실천하니까 어떤 변화가 있었습니까?

B: 대화를 지속하고 진정으로 다가가니 조직의 분위기가 변하기 시작했습니다. 현장 사원들이 먼저 찾아와 자신들의 고민도 이야기하고, 현장 분위기 개선에 대한 좋은 아이디어도 제시하기 시작했습니다. 분위기가 역전되었죠. 정상적으로 열심히 일하는 사람의 목소리가 영향력이 더 강화된 경우였습니다. 이런 관계를 바탕으로 Event(이벤트)를 만들어 나갔습니다. 그것은 가족 간의 모임이었습니다. 처음에는 어색해하고 꼭 해야 하느냐 등의 반대도 있었지만, 몇 번의 즐거운 만남이 이어지니, 나중에는 남편 말고 부인과 자녀끼리도 모임을 만들어 활성화해 나갔습니다. 저는 이런 가족 모임 비용을 만들기 위하여 회사에 제안을 정말 많이 했습니다.

그리고 또 하나 신경 쓴 것은, 우리 조직에서 지켜야 할 규칙을 공유하는 것이었습니다. 5가지를 약속하였습니다. 첫째는 시간 지키기입니다. 출근 시간, 퇴근 시간, 종무 시간 준수에는 이유가 없고 무조건 지켜야 했습니다. 둘째는 배려하는 말과 용기 주는 말 하기입니다. 감정적인 말투는 하지 않았습니다. 셋째는 분임조 회합 시간은 돌아가면서 리더 역할을 하고 서로 애로 사항 및 건의 사항을 반드시 듣기입니다. 넷째는 서로를 칭찬하기입니다. 다섯째는 가족 모임에 적극적으로 참여하기입니다. 이렇게 정하고 만약 준수하지 않는 사원이 있으면 한 번은 이해하고 넘어갔습니다. 그런데 같은 실수를 반복하면, 특히 시간을 준수하지 않으면 강력하게 제재를 가했습니다. 근무조에서 제외시켰습니다. 예외는 없었습니다. 그리고 중국, 일본 우수 사원 해외 연수에 정말 있는 힘을 다해, 다른 실보다 더 많은 사원을 보냈습니다. 현장 사원들도 이런 사실을 잘 알고 있었을 것입니다. 저는 직장도 삶의 연속이라 생각하여 작은 재미를 만들었고, 그들의 이야기에 귀를 기울였고, 그들의 애로 사항이나 고민 사항에 가슴 아파하면 공감했습니다. 그래서 노사 분규 시 저와 함께한 마음, 함께한 시간이 있었기에 저의 입장에서 판단하고 행동했다고 생각합니다. 비정상을 정상으로 바로잡을 용기, 거부하는 그들에게 지속적으로 다가갈 용기, 거절을 승낙으로 바꿀 용기, 기본과 규칙을 제대로 준수하게 할 소신과 용기가 비정상적인 조직을 정상으로 변화시키고 함께하도록 만들었다고 생각합니다.

[용기 지수 함양을 위한 질문]

진정한 용기를 가진 리더란, 잘못된 관행과 관습을 정면으로 바라보고 바로잡고자 하는 마음과 행동을 가진 리더(Leader)를 말합니다.

영향력을 발휘하는 리더가 되기 위한 네 번째 셀프 코칭 주제는 '용기 지수'입니다. 용기 지수 함양을 위한, 몇 가지 질문입니다. 용기 지수 함양을 위하여 아래 질문을 생각해 보기 바랍니다.

1. 우리 조직의 잘못된 관행과 관습 찾아보기

2. 용기 지수 함양하기
   : 이러한 잘못된 관행과 관습이 발생한 원인은 무엇이라고 생각합니까?

   : 용기 지수 함양
   · 용기를 가지고 제일 먼저 개선하고 싶은 과제는?

   · 구체적인 과제 실천 방안은?

   · 예상되는 장애물은?

   · 도움받을 사람은 누구입니까?

⦿ 셀프 코칭 5:
여러분은 정성을 다하는 리더입니까?

영화 〈역린〉의 명대사가 참 좋다. 중용 23장의 내용이다. 정성의 소중함을 우리에게 알려 주고 있다. 그 내용은 아래와 같다. "작은 일도 무시하지 않고 최선을 다해야 한다. 작은 일에도 최선을 다하면 정성스럽게 된다. 정성스럽게 되면 겉에 배어 나오고 겉으로 드러나면 이내 밝아지고, 밝아지면 남을 감동시키고, 남을 감동시키면 이내 변하게 되고, 변하면 생육된다. 그러니 오직 세상에서 지극히 정성을 다한 사람만이 나와 세상을 변하게 할 수 있다."

특히 공감이 가는 부분은 마지막 구절이다. 그냥 정성이 아니고, 극한 정성이다. 오직 세상에서 지극히 정성을 다한 사람만이 나와 세상을 변하게 할 수 있다.

역사를 돌아보면, 동서양 고금을 막론하고 세상에 영향을 미친 사람들은, 자신의 일과 자신의 역할에 지극히 정성을 다한 사람이다. 이순신 장군은 조선의 안위와 조선 백성을 위하여 극한 정성을 다했고, 일제시대 독립군들은 평생에 걸쳐 정성스럽게 독립운동을 했다.

또 다른 예로, 마라톤 선수가 42.195km를 정성과 사력을 다해 달려 결승선을 통과한 다음 땅에 쓰러질 때 감동을 느낀다. '정성'은 사람의 마음을 움직이는 힘이 있다. 영향력을 발휘하는 리더(Leader)가 되기 위해서는, 작은 일에 정성을 다해야 한다. 여러분은 작은 일에 정성을 다하는 리더입니까?

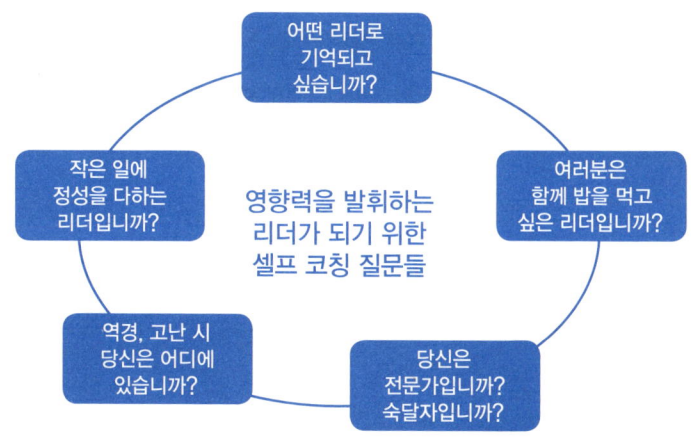

왜 정성인가? 정성의 힘: 비광의 교훈

고스톱을 좋아하는가? 고스톱에서 비광은 참 존재 가치가 없다. 광 대접도 못 받는 미운 오리 새끼다. 광임에도 존재감 없는 비운의 광이다. 그래서 비광보다는 막내인 비쌍피의 인기가 더 많다. '비광의 교훈'을 들어 본 적이 있는가? 비운의 광인 비광에서 '왜 정성인가?' 살펴보자.

화투 1월부터 12월까지 표지 인물을 잠시 생각해 보기 바란다. 그러면 한 가지 사실을 알게 된다. 1-11월에 등장하는 표지 인물은 사람이 아니고 사물임을 알 수 있다. 12월을 상징하는 화투 비광에만 사람이 있다.

화투 비광의 그림을 보면 우산을 쓴 노인이 가운데를 차지하고 있고 그 옆의 아래쪽에는 개구리가 뛰어오르는 자세를 취하고 있다. 위쪽에 까만 부문은 버드나무다. 우산을 쓴 노인은 일본의 서예 역사에 있어서 실존했던 인물이다. 일본의 서예가로 일가를 이룬 오노 도후(小野道風, 894-964)가 그 주인공이다.

고관의 아들로 태어난 오노 도후는 서예를 배우면서 늘 스승에게 꾸지람만 들었다. 스승의 질책에 용기와 희망을 점점 잃어 갔다.
마침내 오노 도후는 자신에게는 서예에 대한 소질이 없음을 느끼고 서예에 대한 꿈을 접었다. 자신의 짐을 챙겨 고향으로 가는 길에 비가

와서 정자에서 잠시 쉬고 있는데 마침 버드나무 아래서 이파리를 잡으려고 수없이 뛰기를 반복하는 개구리 한 마리를 발견했다. 이 개구리를 보고 한심한 생각이 들었다. 비가 오는 날 자신의 몸무게도 생각하지 않고 버드나무 이파리를 행해 점프하는 개구리가 너무나도 어리석게 보였기 때문이다.

그러나 그것도 잠시, 뜀을 반복하던 개구리가 마침내 목적을 성취하는 것을 보고, 지극한 정성과 노력만이 성공으로 가는 길임을 깨닫고 발길을 돌려 서예에 모든 열정을 바쳐 정성을 다했다. 뼈를 깎는 정성과 노력 끝에 그는 마침내 일본 서예 역사에 우뚝하게 자리 잡게 된다.

각고면려(刻苦勉勵)라는 말이 있다. 이는 심신의 고생을 이겨 내면서 오직 한 가지 일에만 정성과 노력을 기울이는 것을 말한다. 세상의 일을 이루는 것은 결국 1의 영감과 99의 정성과 노력인 것이다.

'지성여신(至誠如神)'이라는 말이 있다. 지극한 정성은 신과 같다는 의미다. 이와 비슷한 맥락의 말을 한 사람이 이나모리 가즈오(稻盛和夫)이다. 그가 말한 주제는 '신이 손 내밀 때까지다'이다. 어려운 문제에 봉착할 때마다, 나 자신은 물론이고 직원들에게 말한다. "신이 손을 뻗어 도와주고 싶을 정도로 열정적으로 정성을 다해 일에 전념하라. 그러면 아무리 고통스러운 일일지라도 반드시 손을 내밀 것이고 반드시 성공할 수 있다."

왜 정성인가? 정성의 힘: RA 디키 투수

RA 디키(R.A. Dickey)는 1974년생으로 미국 애틀랜타 브레이브스의 투수다. 대학 시절 빠른 공을 던지는 투수였고, 미국 국가 대표로 선발되기도 했다. 1라운드 18순위로 텍사스 레인저스에 입단하고 전도유망한 투수로 평가받았다. 하지만 이런 장밋빛 전망은 오래가지 못했다.

입단 전 메디컬 테스트에서 팔꿈치 인대가 없다는 사실이 발견되었다. 엄청난 불행이 찾아왔다. 계약금 780만 달러에서 7만 5천 달러로 깎였다. 입단은 1996년이지만 데뷔는 자그마치 5년 후인 2001년 4월이었다. 그는 불만이나 불평을 하기보다는 야구를 계속할 수 있다는 사실에 감사했다. 이런 환경 속에서 좌절이나 불평을 하기가 쉬운데 그는 감사와 정성 에너지를 채웠다. 감사와 불평의 공통점은 하면 할수록 늘어난다는 점이다. 감사의 마음을 가지고 메이저리그 재진입을 위하여 극한 정성을 다하여 새로운 구종을 손에 익혔다. 그가 익힌 것은 빠른 패스트볼 대신 볼 '너클볼'이었다. 말이 쉬워 너클볼이지 어찌 하루 이틀에 그 어렵다는 너클볼이 손에 익을 수 있겠는가? 그는 텍사스에서 방출되고 시애틀로, 미네소타로… 눈물 젖은 빵을 씹어 가며 너클볼을 장착했다.

35살이 되던 2010년, 그는 뉴욕 메츠로 팔렸다. 그런데 그해에 기적이 일어났다. 11승 9패 생에 처음 10승 투수. 그가 익혀 왔던 너클볼이 기가 막히게 먹혔던 것이다.

2012년 38세의 나이로 20승 6패, 방어율 0.273, 삼진 230개 내셔 널리그 사이영상(Cy Young Award) 수상자가 되었다. 뉴욕 메츠로는 4번째 사이영상 수상자였다. 팔꿈치 인대가 없다는 것은 야구 투수에 게는 절대적인 약점이었지만, 그는 여기에 굴하지 않고 정성을 다하여 너클볼을 자기만의 무기로 만들었다. 이나모리 가즈오의 말처럼 신이 손을 뻗어 도와주고 싶을 정도로 극한 정성을 다한 RA 디키는 우리에 게 '왜 극한 정성인가?'를 잘 설명해 주고 있다.

여러분은 극한 환경에 좌절하지 않고 신이 손을 뻗어 도와주고 싶을 정도로 정성을 다하는 리더입니까?

불성무물(不誠無物): 성실하지 않으면 아무것도 이룰 수 없다. 성자 물지종시 불성무물 시고 군자 성지위귀(誠自 物之終始 不誠無物 是故 君子 誠之爲貴): 정성은 모든 것의 처음이자 마지막이고 정성을 기울이 지 않으면 아무것도 이룰 수 없다. 그러므로 군자는 정성스러워지기 위 해 노력함을 가장 귀한 덕으로 삼는다. 《중용》에 나오는 말이다.

영향력을 발휘하는 리더가 되기 위한 정성 실천하기
– 타사 현장 리더 사례 엿보기

정성을 실천하기 위해서 필요한 기본 사고는 '근자열 원자래(近者悅 遠者來)'다. 이 말의 뜻은 '가까이 있는 사람을 기쁘게 하면 멀리 있는 사람이 찾아온다'는 뜻이다.

2500년 전, 중국 춘추전국시대 초나라에 섭공이라는 제후가 있었다. 그런데 백성들이 날마다 국경을 넘어 다른 나라로 떠나니 인구가 줄어들고 세수가 줄어드는 문제가 있었다. 초조해진 섭공이 공장에게 묻기를 "선생님. 날마다 백성들이 도망을 가니 천리장성을 쌓아서 막을까요?"

잠시 생각하던 공자는 "근자열 원자래" 이 여섯 글자를 남기고 떠났다. 영향력을 발휘하는 리더가 되기 위한 정성 실천의 기본은 다름 아닌 '근자열 원자래'인 것이다.

교육 및 코칭 때 '근자열 원자래' 기본 사고를 토대로 정성을 실천하는, 깨어 있는 현장 리더를 종종 만나곤 한다. 오늘은 어느 회사 현장 리더의 정성 실천 사례를 대화식으로 소개하고자 한다. A는 필자이고, B는 교육 및 코칭에서 만난 타사 현장 리더이다.

> A: ⟨근자열 원자래⟩ 정신을 바탕으로, 구성원에게 정성을 다한 본인의 사례가 있다면 한번 들어 보도록 하겠습니다.

B: 저의 사례를 이야기해 보겠습니다. 대단한 것이 아니라서 이야기해도 괜찮은지 모르겠습니다. 저는 저에게 가장 소중한 고객은 다름 아닌 현장 사원이라고 생각하였습니다. 반장인 저를 위해 땀을 흘리고 노력하는 현장 사원이 없다면 저는 아무것도 할 수 없다고 생각해 오고 있습니다. 그래서 저의 소중한 고객인 현장 사원을 위하여 '3사'로 정성을 다하기 위해 정성 실천 과제를 정했습니다.

A: 〈3사〉라, 혹시 불교 신자이신가요? (일동 웃음) 3사라고 하니 조금 생소하네요. 조금 더 구체적인 설명 부탁드리겠습니다.

B: 예, 그러죠. 3사는 〈인사, 감사, 봉사〉 3가지를 의미합니다. 단어가 '사' 자로 끝나서 그렇게 부르고 있습니다. 첫 번째가 〈정성 인사〉입니다. 같이 얼굴을 맞대고 일하는 저의 현장 사원에게 제가 먼저 정성껏 인사하겠다는 의미입니다. 제가 경험을 해 보니 인사는 결코 가볍지 않습니다. 가볍다고 생각하니 가벼운 것입니다.

B: 저에게 영향력을 준 한 분이 있었습니다. 지금은 퇴직하셨지만, 제가 막 입사했을 때 저의 반장님이었습니다. 그분은 항상 웃으면서 먼저 인사를 합니다. 처음에는 부담스럽게 왜 그러나 했는데, 그분이 지속적으로 정성을 다해 먼저 인사하니 저절로 마음이 열리고, 그분과 대화가 잘되었습니다. 그래서 저의 첫 번째 정성 실천 과제를 정성 인사로 한 것입니다.

A: 아. 그런 계기가 있었군요. 〈인사〉는 만남에서 친숙으로 가는 열쇠라는 말이 있는데 인사가 새삼 마음과 마음을 열어 주고 이어 주는 다리라는 생각이 듭니다. 그럼 두 번째 〈감사〉에 대해 들어 볼까요?

B: 감사와 불평의 공통점은 하면 할수록 증가한다는 점입니다. 저의 아버지로부터 받은 밥상머리 교육 내용이 바로 〈감사와 봉사〉이 두 가지였습니다. '만나는 사람에게 감사하고, 월급을 주는 조직에 감사하고, 한 직장에서 일하는 동료에게 감사하면서 생활해라.' 이런 가르침을 돌아가신 아버지에게 자주 듣고 자랐습니다. 현장 리더가 되어 보니 작은 일에도 섭섭하고, 내 말이 먹히지 않으면 화가 나고 대화가 잘되지 않을 때는 짜증도 났습니다. 저도 한때 윽박지르고 강요하고 지적해 본 적이 있었습니다. 그런데 변하지 않더군요. 사람은 비난하고 강요해서 변하는 것이 아니라는 점을 깨달았고 감사한 점이나 고마운 점이 있으면, 말이나 글이나 문자로 정성껏 표현하였습니다. 이러한 방법이 훨씬 더 영향력이 있는 것 같습니다.

A: 훌륭한 아버님의 가르침이 있었군요. 3사에서 마지막인 〈봉사〉의 의미에 대해 들어 볼까요?

B: 봉사는 이런 의미입니다. '반장, 실장 등 현장 리더의 자리는 군림하고 지배하는 자리가 아니다. 감투가 아니라 봉사하는 자리다.

힘들어하는 구성원에게 무엇을 지원해 줄까? 무엇을 봉사할까? 그러면 고민이 해결될까? 어떻게 하면 더 좋은 환경에서 일할 수 있을까?'를 생각하는 것이 봉사입니다. 봉사는 자원, 수용, 격려를 포함하는 것입니다.

저는 3사를 현장 리더의 좌우명으로 삼고 지금까지 나름대로 정성을 다하여 실천해 오고 있습니다. 이 3사 덕분인지 다들 우리 실의 분위기를 부러워하고, 오고 싶어 하는 현장 사원이 많습니다.

이상이 현장 리더와의 정성 실천 사례 대화 내용이다. 이외에도 3고를 외치는 현장 리더도 만난 적이 있다. '고생, 고려, 고민'이다. 먼저 힘든 일을 찾아 자기가 제일 먼저 고생하고, 구성원의 입장을 고려하고, 약속을 즉흥적으로 하지 않고 고민하여 대답을 주고 약속을 정성껏 실천하는 리더가 되겠다는 의미였다.

영향력을 발휘하는 리더가 되기 위하여, 여러분은 어디에 정성을 다하고 어떻게 정성을 실천해 나갈 생각입니까? 4차 산업 시대에 정성은 어떻게 보면 진부한 주제일지 모른다. 하지만 〈정성〉을 다하지 않고서는 구성원과의 관계 변화나 영향력 발휘를 기대할 수 없다. 평범한 단어, 그러나 어려운 실천인 '정성'을 가슴에 새겨 보자. 거기에 길이 있고 답이 있다.

[영향력 발휘를 위한 셀프 코칭 5가지 질문 Review]

지금까지 영향력을 발휘하는 리더가 되기 위하여, 셀프 코칭 5가지 주제에 대해 생각을 정리하고 요구되는 행동에 대해 공감하는 시간을 가졌다. 아래 모델을 보면서 영향력을 발휘하는 리더가 되기 위한 실천 방안을 스스로 정리해 보기 바란다. 그리고 작은 것부터 하나하나 실천해 나가는 깨어 있고 멋있는 현장 리더가 되기 바란다.

1. 어떤 리더로 기억되고 싶습니까?
   - 미래에 기억되고 싶은 이미지:
   - 구체적인 행동 계획은 무엇입니까?

2. 여러분은 함께 밥을 먹고 싶은 리더입니까?
   - 버려야 할 행동은 무엇입니까?
   - 앞으로 밥을 먹고 싶은 리더가 되기 위하여 가져야 할 행동은 무엇입니까?

3. 당신은 전문가입니까? 숙달자입니까?
   - 영향력 발휘를 위하여 가져야 할 실력과 전문 지식은 무엇입니까?
   - 어떻게 실력과 전문 지식을 습득할 생각입니까?

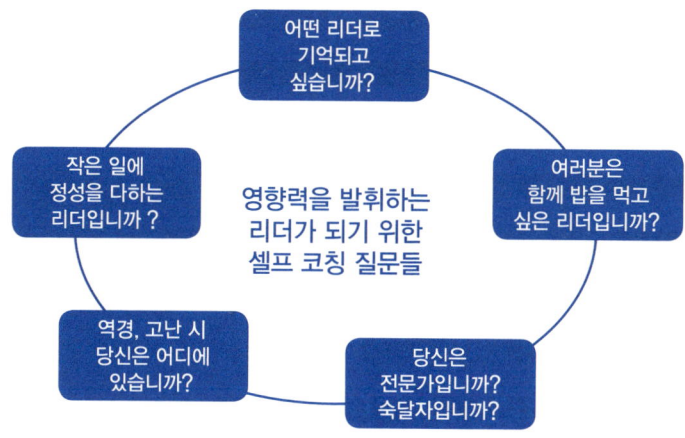

4. 역경이나 고난 시 당신은 어디에 있습니까?
   · 역경 또는 용기 중 여러분의 타입은 어디에 해당됩니까?
   · 진정한 용기를 가진 리더란, 잘못된 관행과 관습을 바로잡는 리더입니다. 여러분 조직의 잘못된 관행과 관습은 무엇입니까? 용기를 가지고 이를 어떻게 변화시킬 생각입니까?

5. 작은 일에 정성을 다하는 리더입니까?
   · 여러분의 정성 지수는 10점 만점에 몇 점입니까?
   · 어디에, 무엇에 정성을 다할 생각합니까?
   · 영향력을 발휘하는 리더가 되고자 하는 본인에게 하고 싶은 격려 한마디는 무엇입니까?

요즘 만나 본 '현장 리더'들은 저에게 '힘들다, 외롭다'라는 말을 자주 합니다. '힘들다'라는 것은 의미를 찾지 못하겠다는 뜻입니다. 의미를 잃어버리는 순간 모든 것이 고역으로 변하게 됩니다.

외로움은 혼자여서 생기는 게 아니라 제대로 홀로 서지 못해서 생기는 것입니다. 배우자, 연인, 동료가 있다 해도 정신적으로, 심석으로 홀로 서지 못하면 외로움을 떨쳐 버릴 수 없습니다. 내가 홀로 서지 못하면 군중 속의 고독한 주인공이 되는 것입니다.

현장 리더로서 제대로 홀로 서기 위하여 여러분들과 자아상을 시작으로 흔들리는 우리들의 모습을 살펴보았고, 제대로 홀로 서기 위하여 현장 리더의 역할 킹핀에 공감하였습니다. 변화하는 리더, 영향력을 발휘하는 현장 리더가 되기 위하여 5개의 셀프 코칭 주제로 나를 돌아보고 자각하고 변화를 다짐하였습니다.

이제 삶과 직장에서의 작은 실천과 활용이 남아 있습니다. 다짐에서 그치지 않고 지속적으로 실천하는 리더가 되어 신뢰와 존경의 대상이 되는 그런 멋진 현장 리더가 되기 바랍니다. 현장 리더 여러분, 건승하길 바랍니다.